U0898668

国有企业招标风险防控100例

GUOYOU QIYE
ZHAOBIAO FENGXIAN
FANGKONG
100 LI

落杰 著

人民出版社

谨以此书纪念在招标监督领域认真学习、辛勤工作、默默积累的难忘时光，并感谢给予我关注和帮助的所有人，特别是以信任与鼓励，支撑我在逆境中坚守梦想的你！

前　言

党的十八大以来,随着中央反腐败工作的深入,特别是对国有企业巡视中发现的突出问题和典型腐败案件的披露,使人们看到招标投标领域已经成为利益输送、权钱交易、腐败滋生的重灾区。招标原本是一种鼓励充分竞争,体现公开、公平、公正、诚实信用原则,与市场经济相适应的采购方式。然而由于其涉及主体多、利益空间巨大、程序较复杂、监督管理不到位等原因,在采购实践中规避招标、虚假招标、排斥限制潜在投标人、围标串标、不公正评标等问题层出不穷,存在着违法违规、损害招标人合法权益、滋生腐败等诸多风险。

近年来,党中央、国务院不断深化招标投标领域中的改革,坚持问题导向,从实际出发革故鼎新,相继出台和修订了多部法律法规。如 2017 年 12 月 28 日颁布实施了新修改的《中华人民共和国招标投标法》,2018 年 6 月 1 日正式施行《必须招标的工程项目规定》,并对修订《招标投标法》多次作出部署,不断健全招标投标领域的规范体系,为招标采购工作的有序良性发展奠定基础。目前,许多国有企业本着“应招必招”的原则,把招标作为采购的主要方式。国有企业作为采购人只有严格按照法律法规和相关规范的要求,及时准确地辨识招标活动中的各种风险,采取切实有效的防控措施,堵住漏洞,化解风险,不断增强招标活动的合法性和规范性,才能避免不良后果。

笔者曾在某大型中央企业承担招标监督工作,累计监督2000万元以上大型招标项目近300个,涉及金额200多亿元,辨识并防控风险100余例。企业招标监督工作的本质就是辨识和防控风险,其对促进企业依法合规开展招标业务,维护企业合法权益,预防和反对腐败交易滋生蔓延具有不可或缺的作用。在从事该项工作之初,笔者发现招标投标过程中存在诸多违法违规问题,招标监督工作非常必要但又极具挑战性。要求监督人员现场发现违法违规问题,依法依规有理有据地当场制止、纠正不法操作,既要有敢于监督的勇气,又要有善于监督的能力。

为了胜任招标监督工作,笔者制订了三年工作规划:第一年,努力学习业务知识,做到能监督。通过自学招标采购、项目管理等知识和招投标法律法规及政策体系考取招标师资格,系统了解招标投标业务。第二年,注重研究,做到懂监督。在监督实践基础上进行理论探讨,撰写多篇论文、案例和心得并在《招标与投标》杂志发表。第三年,积累大量案例,做到善监督。每次监督都把发现的典型问题、相关依据及解决方法记录下来,形成大量案例。三年过去了,正在笔者想要把自己的点滴积累集结成册之时,意外发生了。在一次招标监督中,由于孩子生病加之老人过世,笔者没有赶到现场监督抽取专家,而专家抽取人正是在该环节进行了违规操作,笔者也因监督不力受到了牵连。笔者感到非常惭愧,一度想放弃编写案例集的想法。然而,经过一段时间的沉淀,直面错误,痛定思痛,笔者更加认识到了招标监督工作的重要性和必要性,认为应该化悲痛为力量,坚持完成这部案例集的编制,努力实现自己的诺言与梦想,帮助更多人辨识风险、防控风险,也为孩子树立一个勇于承认错误、积极改正错误,并因错误而更加进步的榜样。

本书基于大型中央企业招标采购监督实践中发现的实际问题,按照招标、投标、组建评标委员会、开标、评标、定标与签约6大招标采购的关键环节谋篇布局,分为上、中、下三篇。上篇重点解答招标有关的基本问题;中篇主要归纳各招标关键环节中的风险防控要点;下篇举例说明,以风险管理的视角对100个具有典型性的精短案例进行分析,依据最新的现行法律政策体系辨识风险,分析风险背后的原因和可能造成的后果并有针对性地寻找风险防控的措施,指导招标采购的实务操作和管理监督工作。以期对国有企业中从事招标管理、监督及实务操作的机构与人员有所启发和帮助。

本书有三大特点,一是注重第一手经验。本书是笔者在总结自己在国有大型中央企业亲自监督的近300个概算金额在2000万元以上的大型招标项目的基础上完成的。书中与读者分享了许多自己在一线工作实践中真实的经验、体会和思考。二是案例真实全面。本书提炼出的100个案例多为招标监督中发现并处理的真实案例,基本囊括了招标采购6大关键环节所有易发、高发的风险。通过案例的形式,进行深入的分析,正确适用相关法律法规,提出防控建议,使读者更易举一反三,引以为戒。三是注重实务操作。本书密切结合招标投标实践以及实践中最常使用的法律法规、文本范例进行分析,有的放矢,能够反映招标投标的实际情况,也便于读者学以致用,具有很强的操作性。

本书是系统了解招标投标全流程、重点把握招标采购关键环节、准备辨识各类风险的通俗读本,读者对象包括:招标人、投标人、招标代理机构、评标专家、招标管理人员、招标监督人员以及招投标的决策者和领导者。

由于笔者能力所限，不足与错误在所难免，希望读者不吝批评指教。

落　杰

2018 年 6 月

目　录

上篇・基本问题

中篇·风险防控要点

下篇·案例分析

上篇·基本问题

一、什么是招标采购

招标采购是以招标的方式选择交易主体，完成采购活动的过程；是通过有序竞争，择优配置工程、货物和服务要素的交易方式；是规范选择交易主体并订立交易合同的法律程序。招标的过程一般是招标人发出招标公告（邀请）和招标文件，公布招标采购的内容范围、技术标准、投标资格、合同条款等重要信息；满足条件的潜在投标人按招标文件的要求编制和递交投标文件，进行公平竞争；招标人依法组建评标委员会，按招标文件规定的评标标准和办法，公正评审，推荐中标候选人，招标人依法择优确定中标人，公布中标结果，并与中标人签订合同。

二、招标采购有哪些类型

招标采购按照触发机制划分，可以分为强制招标采购和自愿招标采购。强制招标采购是指根据法律、法规、规章制度等规定，必须用招标的方式进行的采购。《招标投标法》第三条规定，在中华人民共和国境内进行下列工程建设项目包括项目的勘察、设计、施工、监理以及与工程建设有关的重要设备、材料等的采购，必须进行招标：（一）大型基础设施、公用事业等关系社会公共利益、公众安全的项目;(二)全部或者部分使用国有资金投资或者国家融资的项目;(三)使用国际组织或者外国政府贷款、援助资金的项目。前款所列项目的具体范围和规模标准,由国务院发展计划部门会同国务院有关部门制订,报国务院批准。法律或者国务院对必须进行招标的其他项目的范围有规定的,依照其规定。自愿招标采购是虽不属于国家规定强制招标范围的工程、货物与服务项目,但是招标人根据项目的情况,自愿采用招标的方式选择交易主体的采购活动。需要指出的是根据《招标投标法》第二条的规定,在中华人民共和国境内进行招标投标活动,适用本法。即便是非强制招标采购项目,只要采购人选择了招标的方式,就应当遵守《招标投标法》和《招标投标法实施条例》的相关规定。

招标采购按照采购标的物的属性划分,可以分为工程招标采购、货物招标采购和服务招标采购。《招投标法实施条例》第二条规定,工程建设项目是指工程以及与工程建设有关的货物、服务。其中工程,是指建设工程,包括建筑物和构筑物的新建、改建、扩建及其相关的装修、拆除、修缮等;所称与工程建设有关的货物,是指构成工程不可分割的组成部分,且为实现工程基本功能所必需的设备、材料等;所称与工程建设有关的服务,是指为完成工程所需的勘察、设计、监理等服务。可见,工程招标采购是有关建筑物和构筑物的新建、改建、扩建及其相关的装修、拆除、修缮的采购活动。货物招标采购是有关货物的招标采购活动,法律法规特别对与工程建设有关的货物、机电产品等作出了规定。服务招标是指除了工程、货物以外的其他招标采购。如建设工程的勘察、设计、监理招标、工程咨询评估、财务、法律等中介服务招标,项目法人、代建人、特许经营、科技项目、科研课题、国有资产产权转让、物业管理、金融保险服务等招标采购。

三、招标采购的参与主体有哪些

招标采购的参与主体主要有招标人、投标人、招标代理机构及其工作人员、评标委员会以及有关监督部门及其人员。各主体在招标投标活动中均依法享有权利并承担义务。

招标人:根据《招标投标法》规定,招标人是提出招标项目、进行招标的法人或其他组织。招标人不包括自然人。

投标人:根据《招标投标法》规定,投标人是指响应招标、参加投标竞争的法人或其他组织。依法招标的科研项目允许个人参加投标的,投标个人适用《招标投标法》有关投标人的规定。

招标代理机构:根据《招标投标法》规定,招标代理机构是依法设立、从事招标代理业务并提供相关服务的社会中介组织。招标代理机构在招标人委托的范围内开展招标代理业务。一般包括制定招标方案;编制和出售资格预审公告和资格预审文件;协助招标人组织资格预审;编制、出售招标文件;组织投标人踏勘现场、答疑;接受投标;组织开标;配合招标人组建评标委员会;协助评标委员会完成评标、推荐中标候选人及公示;协助招标人定标、发送中标通知书、签订中标合同以及招标人委托的其他事项。

评标委员会:是由招标人依法组建的,具有法定资质并符合法定数量和比例,依法对招标项目的资格预审申请或投标文件进行评审和比较,推荐资格预审合格名单或中标候选人的专家团队。一般由招标人代表及招标人之外的经济、技术方面的专家组成。在一些采购与使用分离的招标项目,评标委员会的招标人代表由采购人代表和使用人代表(即业主代表)组成。

相关监督主体:《招标投标法》和《招标投标法实施条例》赋予有关行政监督部门依法对招标投标活动实施监督。在招标实践中,招标人及其上级监察部门、风险防控机构等也是重要的监督主体。

四、招标采购的基本原则是什么

《招标投标法》第五条明确规定,招标投标活动应当遵循公开、公平、公正和诚实信用的原则。

公开原则,要求招标采购活动必须具有高度的透明度,招标程序、投标人的资格条件、评标标准、评标方法、中标结果以及适用于招标的相关规定等信息都要公开。同时,开标还要邀请所有投标人参加,对中标结果要进行公示,接受相关主体和公众的监督。

公平原则,要求招标人一视同仁地给予所有投标人平等的机会,使其享有同等的权利并履行相应的义务,不歧视或者排斥任何一个投标人。

公正原则,要求招标活动必须程序规范、标准统一。一方面,所有招标活动都应按照规定的时间和程序进行,做到程序公正;另一方面,招标的评标标准应当具有唯一性,对所有投标人实行同一标准,确保标准公正。

诚实信用原则,要求招标当事人应当以善意的主观心理和诚实、信用的态度来行使权利,履行义务,不能故意隐瞒真相或者弄虚作假,不能言而无信甚至背信弃义,在追求自身利益的同时不应损害他人利益和社会利益。

五、招标采购的风险有哪些

考察招标投标领域的规范体系，结合招标投标的实务过程，招标采购的风险主要有以下七类：

违反法律法规、规章制度与政策规定的风险；

违反公开、公平、公正和诚实信用原则的风险；

违反廉洁规定的风险；

损害招标人、投标人及利益相关人合法权益的风险；

损害国家和社会公共利益的风险；

损害企业形象的风险；

滋生腐败交易的风险。

六、招标采购风险防控的依据是什么

招标采购风险防控的依据是招标投标法律法规与政策体系，是指全部现行的与招标投标活动有关的法律法规和政策组成的有机联系的整体。按照法律规范的渊源划分由法律、法规、规章及规范性文件构成。按照法律规范内容的相关性划分，包括专业法律规范和相关法律规范。本书按照风险防控的实际需求列举通用和常用的依据如下：

（一）专业法律规范

1.法律

《中华人民共和国招标投标法》（中华人民共和国主席令第86号）（以下简称《招标投标法》）；

《中华人民共和国政府采购法》(中华人民共和国主席令第 68 号)(以下简称《政府采购法》)。

2. 行政法规及文件

《中华人民共和国招标投标法实施条例》(国务院令第 613 号发布,根据 2018 年 3 月 19 日国务院令第 698 号《国务院关于修改和废止部分行政法规的决定》修订)(以下简称《招标投标法实施条例》);

《中华人民共和国政府采购法实施条例》(国务院令第 658 号);

《国务院办公厅关于进一步规范招投标活动的若干意见》(国办发〔2004〕56 号)。

3. 部门规章

《必须招标的工程项目规定》(国家发展和改革委员会令第 16 号);

《工程建设项目施工招标投标办法》(国家发展计划委员会、建设部、铁道部、交通部、信息产业部、水利部、中国民用航空总局令第 30 号发布,根据 2013 年 3 月 11 日发布的《关于废止和修改部分招标投标规章和规范性文件的决定》修订);

《工程建设项目货物招标投标办法》(国家发展和改革委员会、建设部、铁道部、交通部、信息产业部、水利部、中国民用航空总局令第 27 号发布。根据 2013 年 3 月 11 日发布的《关于废止和修改部分招标投标规章和规范性文件的决定》修订);

《工程建设项目勘察设计招标投标办法》(国家发展和改革委员会、建设部、铁道部、交通部、信息产业部、水利部、中国民用航空总局、国家广播电影电视总局令第 2 号发布,根据 2013 年 3 月 11 日发布的《关于废止和修改部分招决定》修订);

《机电产品国际招标投标实施办法》(商务部令第 1 号);

《科技项目招标投标管理办法》(国科发计字〔2000〕589号);

《招标公告和公示信息发布管理办法》(国家发展和改革委员会令第10号);

《评标委员会和评标方法暂行规定》(国家发展计划委员会、国家经济贸易委员会、建设部、铁道部、交通部、信息产业部、水利部令第12号发布,根据2013年3月11日发布的《关于废止和修改部分招标投标规章和规范性文件的决定》修订);

《评标专家和评标专家库管理暂行办法》(国家发展计划委令第29号发布,根据2013年3月11日发布的《关于废止和修改部分招标投标规章和规范性文件的决定》修订);

《工程建设项目招标投标活动投诉处理办法》(国家发展改革委员会、建设部、铁道部、交通部、信息产业部、水利部、中国民用航空总局令第11号发布,根据2013年3月11日发布的《关于废止和修改部分招标投标规章和规范性文件的决定》修订)。

(二) 相关法律规范

《中华人民共和国民法总则》(以下简称《民法总则》)、《中华人民共和国合同法》(以下简称《合同法》)、《中华人民共和国建筑法》(以下简称《建筑法》)、《中华人民共和国担保法》(以下简称《担保法》)等。

七、招标采购风险防控的主要环节是什么

根据招标投标活动的法定程序,覆盖全过程的风险防控环节主要包括:招标的风险防控、投标的风险防控、组建评标委员会的风险防控、开标的风险防控、评标的风险防控、定标的风险防控及合同签

订的风险防控 6 个部分。

八、国有企业招标采购风险防控的必要性是什么

国有企业是国有资金控股或者占主导地位的企业，其采购资金大部来源于国家，带有公共采购的性质，应该通过公开、透明的阳光采购方式实现，而招标采购是目前最具这一特点的采购方式。同时国家《招标投标法》等法律法规明确规定，全部或者部分使用国有资金投资或者国家融资的项目必须进行招标。目前大部分国有企业都本着“应招必招”的原则，组织采购活动，使招标采购所占比重越来越大。另外，从企业风险管理的角度看，招标采购往往涉及大额资金的使用，属于企业“三重一大”管理事项，是重大风险防控的重点领域。然而，党的十八大以来，随着中央反腐败工作的深入，特别是对国有企业巡视中发现的突出问题和典型腐败案件的披露，使人们看到招投标领域已经成为利益输送、权钱交易、腐败滋生、官员落马的重灾区。国有企业作为采购人只有及时准确地辨识招标活动中的各种风险，采取切实有效的措施，防控风险、化解风险，不断增强招标活动的合法性和规范性，才能避免不良后果，促进企业健康、长久发展。

九、国有企业招标采购风险防控的有效方法是什么

招标投标活动的程序性强、时效性强，部分参与主体如招标人、评标专家、招标代理对招标结果的影响力强，如果不能及时辨识和防控风险，制止纠正违法违规行为，将造成难以弥补的损失。招标投标活

动的这一特点,决定了对其的风险防控必须做到主动及时,而只有参与其中才能做到主动及时。目前,一些国有企业通过监察机关或风险控制部门派出招标监督团队或人员全程参与重大招标项目,依法依纪对招标、投标、开标、评标、定标各环节进行过程监督;对招标人、投标人、招标代理机构、评标委员会等相关主体的行为进行现场监控的方式,开展主动的、直接的、有针对性的、经常性的监督、监察活动防控风险。这些措施效果明显,对促进企业依法合规开展招标业务,维护企业合法权益,预防和反对腐败交易滋生蔓延具有重要作用。

十、企业招标监督人员如何依法监督维护企业合法权益

企业招标监督人员是企业监督、监察、风险管理、内部控制等机构派出的根据国家有关招标、投标的法律、法规以及企业规章制度,对招标投标活动及其参与主体进行监督、监控、检查,对招标监督管理工作中的重大问题进行协调处理的人员。企业招标监督是企业招标监督人员依法实施的监督,属于招标投标监督体系中招标人内部的监督,是企业依法行使出资人权利的重要体现,也是对政府行政监督、司法监督的有力补充,具有合法性和必要性。目前,许多企业,特别是大型国有企业越来越重视对招标投标工作的监督管理,很多都设立了招标监督的专门机构,配置了专职监督人员,依法对企业的招标投标活动进行过程监督、程序管控,使企业招标监督人员成为了预防腐败滋生的第一道防线。那么,企业招标监督人员应该如何肩负重任,依法监督,维护企业合法权益?

（一）着力发现串通投标等直接损害企业合法权益的问题

串通投标主要指投标人之间或招标人(招标代理机构)与投标人之间相互串通投标。《中华人民共和国招标投标法实施条例》第三十九条详细规定了投标人之间串通投标的5种具体情形,第四十一条详细规定了招标人与投标人之间相互串通投标的6种具体情形。串通投标属于严重的欺诈行为。投标人通过串通故意抬高投标报价,控制招标;通过私下约定放弃投标或放弃中标导致招标失败;通过行贿等不正当手段骗取中标,使招标活动流于形式更常常伴随项目履行质量问题。招标人通过泄密、干预等违法行为给特定投标人谋取利益,严重扰乱了招投标秩序更伴随受贿、渎职等腐败问题。这些都直接损害了招标企业的合法权益,也违反了法律法规,是企业招标监督人员在监督过程中应该着力发现并坚决杜绝的问题。在监督实践中,监督人员应该熟练掌握《中华人民共和国招标投标法实施条例》中列举的各种视同串通投标的情形,要求招标代理机构认真核对招投标过程中是否存在不同投标人的投标文件相互混装或由同一单位或个人编制、不同投标人委托同一单位或者个人办理投标事宜、投标保证金从同一单位或者个人的账户转出等现象。同时,要求评标委员会认真审核不同投标人的投标文件载明的项目管理成员是否为同一人、投标报价有无异常一致或者呈规律性差异以及招标文件中是否存在歧视性、排斥性或者倾向某一投标人的条款等问题。在开标、评标的监督过程中还要认真听取投标人检查投标文件密封情况的结果,以确保投标文件没有被提前打开;阻止招标人明示或者暗示自己的倾向;阻止评标委员会违规发送澄清让投标单位弥补实质性缺陷。

（二）果断纠正评标专家推诿不作为，不客观公正评标等间接损害企业合法权益的行为

1. 纠正不按规定程序评标的行为

《中华人民共和国招标投标法实施条例》第二十条的规定，“招标人采用资格后审办法对投标人进行资格审查的，应当在开标后由评标委员会按照招标文件规定的标准和方法对投标人的资格进行审查”。监督实践中发现：有评标委员会以招标代理机构在销售招标文件时已经查验过投标单位的相关资质为由不再对投标单位进行资格审查，直接进入了详细评审环节，使没有达到资格要求的投标人进入了详细评审，获得了非法中标的机会，给招标人带来了风险。企业招标监督人员应该立即纠正此种行为，提出监督意见，要求评标委员会按照法律法规和招标文件规定的程序进行评标，先进行初步评审（符合性审查），把好资格审查关，再进行详细评审，不得以不当理由随意省略评标程序。

2. 纠正不按规定内容评标的行为

《评标委员会和评标方法暂行规定》第二十三条规定，“评标委员会应当审查每一投标文件是否对招标文件提出的所有实质性要求和条件作出响应。未能在实质上响应的投标，应予以否决”。监督实践中发现：有评标委员会在应用最低评标价法进行评标的过程中，为了缩短评标时间，只审查最低投标价单位的投标文件是否对招标文件提出的所有实质性要求和条件作出响应，只要响应就予以推荐，不再审查其他投标文件，致使其给招标人推荐的其他中标候选人存在不响应招标文件实质性要求的可能性。如果推荐的第一中标候选人因某种原因不符合中标条件，招标人再确定其他候选人为中标人，

该中标人就存在资质不合格、不响应招标文件实质性要求、难以履约等风险，间接损害企业的合法权益。企业招标监督人员应该立即纠正此种行为，提出监督意见，要求评标委员会根据法规的规定，审查每一投标文件是否对招标文件提出的所有实质性要求和条件作出响应。否决所有未能在实质上响应的投标，阻止评标委员会不认真评标，推荐不合格的中标候选人。

3. 纠正不客观公正评标的行为

《中华人民共和国招标投标法实施条例》第四十九条规定，“评标委员会成员应当根据招标投标法和本条例的规定，按照招标文件规定的评标标准和方法，客观、公正地对投标文件提出评审意见。招标文件中没有规定的评标标准和方法不得作为评标的依据”。监督实践中发现：有评标专家抛开招标文件和投标文件评标，仅凭对行业情况的了解和对投标单位的主观认识就妄下结论，大包大揽，保证某家单位没有问题，凭经验评标。也有专家接受业主单位明示或暗示的倾向，不按招标文件规定的标准评标，曲解、放宽资格条件，为业主达成不正当目的寻找依据、创造条件。企业招标监督人员应该立即纠正此种行为，提出监督意见，告知评标专家相关的法律规定及违反规定将要承担的法律后果，要求评标专家坚持职业操守，客观公正评标。

（三）坚决支持招标人维护企业合法权益的正当、合理诉求

1. 支持要求投标人提供书面说明的诉求，避免低价竞标

《评标委员会和评标办法暂行规定》第二十一条规定，“在评标过程中，评标委员会发现投标人的报价明显低于其他投标报价或者

在设有标底时明显低于标底,使得其投标报价可能低于其个别成本的,应当要求该投标人作出书面说明并提供相关证明材料。投标人不能合理说明或者不能提供相关证明材料的,由评标委员会认定该投标人以低于成本报价竞标,应当否决其投标”。监督实践中发现:有投标人的报价明显低于其他投标报价,可能低于其个别成本。招标人评标专家代表希望评标委员会要求该投标人作出书面说明并提供相关证明材料。但评标委员会部分专家认为没有必要。投标人以低于成本的价格中标,常常伴随着偷工减料或者恶意索赔的非法行为,给招标企业带来巨大风险。企业招标监督人员应该积极维护企业合法权益,坚决支持招标人的正当诉求,告知评标委员会其有要求低报价投标人提供书面说明及相关证明材料的义务,并说明具体的法律依据,监督评标委员会履行义务,为招标人化解风险。

2. 支持要求评标委员会去伪存真的诉求,避免骗取中标

《评标委员会和评标方法暂行规定》第二十条规定,“在评标过程中,评标委员会发现投标人以他人的名义投标、串通投标、以行贿手段谋取中标或者以其他弄虚作假方式投标的,应当否决该投标人的投标”。监督实践中发现:招标人评标专家代表认为某投标人提供的合同业绩与其所了解的情况不符,可能存在弄虚作假的问题,希望评标委员会予以认定。有评标专家认为评标委员会不负责辨别投标文件所附材料的真伪。投标人通过借用资质、编造业绩等弄虚作假的手段骗取中标,使项目质量和全面履行合同义务没有保障,给招标企业带来巨大风险。企业招标监督人员应该积极维护企业合法权益,坚决支持招标人的正当诉求,告知评标委员会其有发现并处理弄虚作假投标人的义务,并说明相关法律依据,监督评标委员会履行义务,为招标人化解风险。

（四）依法制止投标人干预、扰乱评标秩序的行为

1. 制止到评标现场的主动澄清

《中华人民共和国招标投标法实施条例》第五十二条规定，“评标委员会不得暗示或者诱导投标人作出澄清、说明，不得接受投标人主动提出的澄清、说明”。监督实践中发现：有投标人在评标过程中发起主动澄清，进入评标现场，补交资质证明、合同业绩等材料，要求弥补实质性缺陷，扰乱了评标秩序。企业招标监督人员应该及时制止这种行为，要求投标人迅速离开评标现场，监督招标代理机构组织好封闭评标，监督评标委员会拒绝接受投标人的非法澄清。

2. 制止到评标现场的非法投诉

《中华人民共和国招标投标法实施条例》第六十条规定，“投诉应当有明确的请求和必要的证明材料”。第六十一条规定，“投诉人捏造事实、伪造材料或者以非法手段取得证明材料进行投诉的，行政监督部门应当予以驳回”。监督实践中发现：有投标人在评标过程中，擅自来到评标现场，口头投诉某投标单位业绩不足，但既不愿提供书面投诉材料也不能提供有效的证明文件。企业招标监督人员应该当场拒绝受理该投标人的非法投诉，要求其迅速离开评标现场，不得干预评标。

十一、招标监督人员的职业素养是什么

（一）认清使命，忠于职守

招标活动是一个利益激烈博弈的特殊战场，充满了极大的诱惑

和复杂的人情关系,少数人法纪意识淡薄,铤而走险,违法违规现象屡禁不止,问题层出不穷,迫切需要有力有效的招标监督。招标监督的主要任务是:保证招标程序合法合规;招标结果公平公正;维护各参与主体的合法权益及国家社会企业的利益。招标监督人员要牢记使命、热爱本职、忠于职守、勇于担当,既要有敢于监督的勇气,又要有善于监督的能力。

(二) 坚持原则,敢于较真

招标监督人员要有很强的原则性,坚守原则,敢于较真,关键时刻敢于与违法违规人员交锋,斗智斗勇,不怕得罪人。在监督过程中特别是在纠正违规问题时要做到:一是庄重威严。具有鲜明的监督人的气质特点,一身正气、坚持原则,纠正问题有理有据,不容置疑。二是坚决果断。把握时机,主动出击,该出手时就出手,发现违法违规问题端倪就果断制止,将错误的苗头和念头扼杀掉。三是坚忍不拔。遇到阻力不妥协不动摇,勇往直前,敢打必胜,当所有人偏袒违规者时,监督人要头脑清醒,意志坚定,敢于碰硬,坚持原则不妥协。四是相机而为。充分抓住有利时机,对故意违规者进行严肃有力地批评教育,占领制高点,居高临下,警示大家,在公众面前树立监督人的威信。五是及时震慑。对严重违规问题或拒不接受监督、挑战监督的行为,要及时报告或记录在案,进行事后追究,实施惩罚,严肃法纪,震慑和教育招标从业者。六是理势并用。监督人要依法依规以礼服人还要注意争取多数人的支持,形成优势气场,孤立违规者。在有人藐视法律和纪律的特殊情况下,展示点霸气,要让众人感受到正义的气势,终究是邪不压正。

（三）严格自律，公道处事

壁立千仞，无欲则刚，正人先正己，招标监督人员要严格自律，率先垂范，在招标监督的过程中不吃请，不接受礼物，不与招投标各方单独私下接触，如果与被监督对象有亲友及利益关系应当主动提出回避。招标监督人员要公正执纪，同一把尺子度量，同一个标准行事，对各参与主体要一视同仁，对事不对人，坚守底线，维护法律的尊严，维护招标投标双方的合法利益，树立监督人公平公正的良好形象和威信。

（四）努力学习，钻研业务

招标监督是一项专业技术性很强的政治工作，需要过硬的能力素质，必须高度重视学习。要熟悉招标投标领域和政策体系主要法律法规，并结合实际准确理解和应用，做到活学活用。严格执行法律法规和规章制度，不是要墨守成规，不思进取，无所作为。要注重在实践中多用心，勤思考，说行话，立形象，树威信，不断总结探索，勇于开拓创新，研究一些有价值有特色的案例，提出专业性的意见和建议，为上级决策提出正确、科学的依据。不说错话，不办错事，不当摆设、不当挡箭牌、不当保护伞。

（五）抓住主要矛盾，明确监督重点

在招标监督中要加强对权力运行的监督和制约，把握监督的五个重点：招标主体的监督重点是招标人，招标人拥有招标文件制定权、1/3的评委评标权、定标权、合同签订权、资金管理及付款权五大权力，对招标的过程和结果最具干预力量。评标委员会的监督重点

是招标人代表中的业主评委,他们往往在招标前已经有了心仪的意向单位,并可以利用参与评标的机会给评标委员会作出明示或暗示。相关人的监督重点是领导干部。一些不懂招标投标法律知识、不熟悉招标业务的领导干部往往是规则的破坏者,还有些领导干部故意插手采购,干预招标,从中谋利;招标过程的监督重点是开标和评标。监督方式上的重点是听取讨论。

(六)认真观察发现问题,准确掌握情况

招标监督人员应注重发现问题,善于发现问题,透过现象看清本质。在具体招标项目的监督过程中要准确掌握招标文件的资格要求与评标办法、投标报价、投标文件的符合性情况、评标讨论情况、评标委员会的意见分歧、否决投标的依据、投诉、打分表、评标报告等。通过这些材料了解真相,不断提高发现问题、分析问题、解决问题的能力。

(七)正确处理意见分歧和异常突发情况

在进行评标过程的监督中,招标监督人员往往需要充当评标现场的裁判者,及时正确地裁决评标委员会内部的意见分歧。裁决分歧应当建立在准确了解掌握各方面提供的信息和意见、熟悉法律法规和招标文件的规则的基础上,做到严格按法律法规和招标文件的规定办事,复杂问题简单化,说理问题法规化。特别要十分审慎地对待高价中标,坚决维护企业的利益。

(八)加强请示汇报,避免工作失误

招标投标业务复杂多变,招标监督人员仅依靠自己的力量有时很难应对,要学会寻求领导的支持、同事的帮助,学会借助组织的力量。

以下六种情况应当及时向组织和领导请示报告，避免自作主张，酿成错误：一是收到投诉、举报；二是发现或纠正明显违规违纪问题；三是发现重大异常突发情况；四是评标委员会内部发生重大意见分歧；五是评标结果为不当高价中标或明显不公正；六是遇到疑难问题或新的情况。

十二、招标监督人员开展监督工作的注意事项有哪些

（一）增强责任意识，不得放任不管

招标监督人员要充分履行监督职责，主动与违法违规行为做斗争，及时发现和纠正招标投标中出现的异常现象和不法问题，不能“聋子耳朵当摆设”无所作为，怕得罪人，怕惹麻烦，放任监督对象肆意妄为，更不能与招标投标的相关参与主体串通一气，包庇违法违规操作或者为其充当挡箭牌、保护伞。否则被监督的项目出了问题，监督人员也逃脱不了干系，也要被追究相应的责任。

（二）增强法制意识，不得干预评标

招标监督人员要充分理解招标投标法律体系的规定，明确评标是评标委员会的权利和义务，其他人包括监督人员，不得干预。在评标委员会没有出现明显违法违规行为的情况下，监督人员不应随意发表意见，对评标专家的讨论指手画脚，干扰评标，更不能向评标委员会明示或暗示自己对投标人的倾向，让评标专家唯自己马首是瞻。在现场监督中，监督人员如果发现评标委员会存在违法违规的倾向或苗头，应该提出监督建议，指出评标委员会或评标专家存在的问题和可能违反的相关规定或产生的不良影响，对其进行诫勉提醒，但仍

然需要让评标委员会作出评审决定并对结果负责。

（三）增强保密意识，不得泄露评标信息

《评标委员会和评标办法暂行规定》明确规定，"评标委员会成员和与评标活动有关的工作人员不得透露对投标文件的评审和比较、中标候选人的推荐情况以及与评标有关的其他情况。前款所称参与评标的有关工作人员，是指评标委员会成员以外的因参与评标监督工作或者事务性工作而知悉有关评标情况的所有人员"。同时规定"评标委员会成员或者与评标活动有关的工作人员向他人透露对投标文件的评审和比较、中标候选人的推荐以及与评标有关的其他情况的，给予警告，没收收受的财物，可以并处三千元以上五万元以下的罚款"。监督人员负有监督责任，必须以身作则，决不能自己跑风漏气。一方面，不能故意向相关利益主体泄露信息，捞取好处；另一方面，也要防范无意中的透露，要谨言慎行，与招标投标相关各方保持一定的距离；对主动打探消息的人提高警惕，机智应对；不和无关人员探讨评标的具体细节。

（四）增强防范意识，避免受骗上当

招标监督人要时刻保持清醒的头脑，善于识破监督对象的花言巧语，避免受骗上当，被监督对象牵着鼻子走。首先，不能信任监督对象。一个招标项目动辄几百万上千万元，中标与不中标间存在巨大的利益差别，在利益的驱动下投标人腐化招标人代表、评标专家、招标代理人员，让他们利用参与评标的机会为自己代言，通过非法手段谋取中标的情况非常普遍。监督人不能抱着人性本善的假设看待监督对象，而要增强防范意识，看清看透本质。其次，不能害怕监督

对象。有的监督对象会以大领导授意来给监督人施加压力,有的监督对象本身就是领导,监督人要以事实为依据,以法律为准绳,严格依法依规监督,不能随便屈服于人。最后,不能给监督对象留情面。监督对象往往会为自己的违规操作找出各种理由和借口,甚至不惜通过曲解事实,偷换概念,强词夺理来说服监督人,对监督对象的话要认真核实,不能偏听偏信,即便是熟人也要分清性质,避免被监督对象引入歧途,酿成大错。

中篇・风险防控要点

一、招标的风险防控要点

招标是招标人在明确了招标项目范围和规模标准的前提下，对于必须招标的项目，在达到招标条件后，编制招标文件（资格预审文件）、发布招标公告（发放投标邀请书）、发售招标文件（资格预审文件）、组织潜在投标人踏勘现场、澄清、修改招标文件的过程。该过程的主要参与主体是招标人和招标代理，存在的风险点主要包括：

1. 应招未招。

2. 虚假招标。

3. 不具备招标条件而招标。

4. 不具备自行招标条件而自行招标。

5. 为招标人指定代理机构。

6. 应公开招标而邀请招标。

7. 标段、工期划分不合理。

8. 未在指定媒介发布招标公告。

9. 在不同媒介发布的同一招标项目的招标公告内容不一致。

10. 资格预审存在重大纰漏。

11. 不按规定组织踏勘。

12. 招标文件含有法律法规禁止性规定或限制、排斥潜在投标人的内容。

13. 招标文件存在重大缺陷。

14. 偏离招标目的设立否决条款。

15. 招标文件的发售、修改和澄清不符合法律规定。

16. 违规使用标底。

17. 泄露保密信息。

18. 擅自终止招标。

二、投标的风险防控要点

投标是投标人根据招标文件的要求,编制并递交投标文件,响应招标、参加投标竞争的活动。该过程的主要参与主体是投标人,存在的风险点主要包括:

1. 不符合法定条件或招标文件规定的资格条件而投标。

2. 不按规定撤回或撤销投标文件。

3. 联合体投标不符合法定或招标文件的相关规定。

4. 投标文件未实质性响应招标文件。

5. 发生重大变化后不履行告知义务。

6. 以低于成本的报价投标。

7. 串通投标。

8. 资质、业绩造假。

9. 向招标人或者评标委员会成员行贿谋取中标。

三、组建评标委员会的风险防控要点

组建评标委员会是招标人或招标人委托的招标代理机构依法从专家库中随机抽取符合法定资质和比例的评标专家（特殊项目招标人可以直接指定评标专家）的过程。该过程的主要参与主体是招标人和招标代理，存在的风险点主要包括：

1. 指定评标委员会成员。

2. 应当随机抽取而未随机抽取评标专家。

3. 评标专家不具有相应资质。

4. 评标委员会成员比例不当。

5. 未执行或未正确执行回避规定。

6. 随意更换评标委员会成员。

7. 泄露评标委员会成员名单。

四、开标的风险防控要点

开标是招标人或招标代理在招标文件载明的开标时间和开标地点，邀请所有投标人参加，公开宣布全部投标人的名称、投标报价及投标文件中其他主要内容，并将其相关情况记录在案的过程。该过程的主要参与主体是招标人（招标代理）、投标人，存在的风险点主要包括：

1. 未按招标文件规定的时间、地点开标。

2. 接收逾期送达的投标文件。

3. 接收未按招标文件要求密封的投标文件。

4. 投标人少于 3 个,继续开标。

5. 未按规定检查投标文件的密封情况。

6. 未当场拆封、宣读所有在投标截止时间之前收到的投标文件。

7. 未如实唱出或错误唱出投标人名称、投标价格、价格折扣和投标文件的其他内容。

8. 在开标现场对投标文件作出有效或无效的判断处理。

9. 未正确处理投标人的异议。

10. 未如实制作开标记录并请相关人员签字。

五、评标的风险防控要点

评标是依法组建的评标委员会根据招标文件规定的标准和方法评审比较投标文件,推荐中标候选人的过程。该过程的主要参与主体是招标人(招标代理)和评标专家,存在的风险点主要包括:

1. 未采取必要措施,保证评标活动在严格保密的情况下进行。

2. 评标时间不合理。

3. 明示或暗示其倾向或者排斥特定投标人。

4. 应当回避而不回避。

5. 擅离职守,影响评标秩序。

6. 不客观、公正履行职责。

7. 不按照招标文件规定的标准和方法评标。

8. 将招标文件中没有规定的标准、方法作为评标依据。

9. 向招标人征询确定中标人的意向。

10. 接受他人明示或暗示提出的倾向或排斥特定投标人的要求。

11. 对依法应当否决的投标不提出否决意见。

12. 违规发送澄清。

13. 无正当理由拒绝在评标报告上签字。

14. 私下接触投标人或收受投标人给予的财物或好处。

15. 向他人透露对投标文件的评审和比较、中标候选人的推荐以及与评标有关的其他情况。

16. 非法干预或者影响评标过程和结果。

17. 拒不接受监督人员的监督意见。

六、定标与签约的风险防控要点

定标与签约是招标人根据评标委员会提交的评标报告和推荐的中标候选人确定最终签订合同的当事人(中标人)的过程。该过程的主要参与主体是招标人和中标人,存在的风险点主要包括:

1. 不按照规定确定中标人。

2. 不按规定公示或公告中标结果。

3. 无正当理由不发出中标通知书。

4. 无正当理由改变中标结果。

5. 无正当理由不与中标人订立合同。

6. 签订主要条款与招标文件或投标文件不一致的合同。

7. 订立违背合同实质内容的其他协议。

8. 无法定理由放弃中标。

9. 非法转包、违规分包。

下篇・案例分析

一、招标风险防控案例

案例1　明招暗定

某工程施工项目公开招标，共有3家单位递交了投标文件。评标时，评标委员会发现其中两家投标人在投标截止时未提交投标保证金，而在投标文件中声明中标后再提交投标保证金，于是根据法律法规和招标文件的规定否决了这两家单位的投标。有效投标人只剩一家，且报价最高，部分评标专家认为此次投标明显缺乏竞争，提议否决全部投标。但招标人代表专家反对否决全部投标，并表示：剩下的这家单位已经和他们一起做了该项目的许多前期工作，即使再招标也得选这家。于是评标委员会预推荐该投标人为中标候选人。

风险辨识

本案主要存在三大风险：一是招标人代表专家暗示倾向，违反相关规定。招标人代表专家表示"即使再招标也得选这家"，是在暗示评标委员会的其他评标专家只能推荐该投标人。违反《招标投标法实施条例》第四十八条的规定，"招标人应当向评标委员会提供评标所必需的信息，但不得明示或者暗示其倾向或者排斥特定投标人”。二是评标委员会接受他人暗示的倾向，对依法应当否决的投标不提出否决意见，违反相关规定。根据《工程建设项目施工招标投标办法》第三十五条的规定，“为招标项目的前期准备或者监理工作提供设计、咨询服务的任何法人及其任何附属机构（单位），都无资格参加该招标项目的投标”。按照招标人代表的说法，“剩下的这家单位已经和他们一起做了该项目的许多前期工作”，属于为招标项目的前期准备提供过咨询服务的法人，无资格参加该招标项目的投标，评标委员会接受招标人代表专家暗示的倾向，应当否决而未否决不具有投标资格的投标，违反《招标投标法实施条例》。三是导致高价中标，损害招标人的利益。根据《评标委员会和评标方法暂行规定》第二十七条的规定，“因有效投标不足三个使得投标明显缺乏竞争的，评标委员会可以否决全部投标”。本案有效投标人只有一家，且报价最高，已经使得投标明显缺乏竞争，评标委员会部分专家提议否决全部投标有据可依。同时两家投标人因未提交投标保证金这种低级错误而被否决投标，有陪标的嫌疑。整个投标都异于寻常，但招标人代表专家通过暗示评标委员会预推荐这家报价最高的投标单位，从常识上讲是不符合招标人利益的，其背后的深层次原因有待挖掘。

风险防控

目前在企业招标中普遍存在先上马后招标、明招暗定、虚假招标的情况，使招标沦为“走过场”，甚至使非法操作合法化的手段。这其中固然有采购需求紧急等客观原因，但也不乏内外勾结、利益输送、权钱交易，存在着巨大的管理和腐败风险。评标的封闭性是一把“双刃剑”，虽然可以防止外部干预和信息泄露，但也使评标委员会具有了较大的自由裁量权，使部分评标专家如招标人代表对评标结果有着巨大的影响力，可以通过明示或暗示倾向引导甚至迫使评标委员会按照他们的意志行事。本案所发现的三大风险恐怕只有在监督现场才能发现，而这些风险有的是明显的、直接的违法违规。可见现场监督的重要性和必要性。本案的现场监督主体应该立即提出监督意见，制止招标人代表暗示倾向的违法行为，要求其真正代表招标人发声，维护招标人的利益。要求评标委员会其他成员依据法律法规和招标文件要求公平、公正、独立作出评审，不得接受他人明示或暗示的倾向，不得对依法应当否决的投标不提出否决意见。

相关依据

《招标投标法实施条例》

第四十八条　招标人应当向评标委员会提供评标所必需的信息，但不得明示或者暗示其倾向或者排斥特定投标人。

招标人应当根据项目规模和技术复杂程度等因素合理确定评标时间。超过三分之一的评标委员会成员认为评标时间不够的，招标人应当适当延长。

评标过程中，评标委员会成员有回避事由、擅离职守或者因健康等原因不能继续评标的，应当及时更换。被更换的评标委员会成员作出的评审结论无效，由更换后的评标委员会成员重新进行评审。

第七十一条　评标委员会成员有下列行为之一的，由有关行政监督部门责令改正；情节严重的，禁止其在一定期限内参加依法必须进行招标的项目的评标；情节特别严重的，取消其担任评标委员会成员的资格：

（一）应当回避而不回避；

（二）擅离职守；

（三）不按照招标文件规定的评标标准和方法评标；

（四）私下接触投标人；

（五）向招标人征询确定中标人的意向或者接受任何单位或者个人明示或者暗示提出的倾向或者排斥特定投标人的要求；

（六）对依法应当否决的投标不提出否决意见；

（七）暗示或者诱导投标人作出澄清、说明或者接受投标人主动提出的澄清、说明；

（八）其他不客观、不公正履行职务的行为。

《评标委员会和评标方法暂行规定》

第二十七条　评标委员会根据本规定第二十条、第二十一条、第二十二条、第二十三条、第二十五条的规定否决不合格投标后，因有效投标不足三个使得投标明显缺乏竞争的，评标委员会可以否决全部投标。

《工程建设项目施工招标投标办法》

第三十五条　投标人是响应招标、参加投标竞争的法人或者其他组织。招标人的任何不具独立法人资格的附属机构（单位），或者为招标项目的前期准备或者监理工作提供设计、咨询服务的任何法人及其任何附属机构（单位），都无资格参加该招标项目的投标。

第三十七条　招标人可以在招标文件中要求投标人提交投标保证金。投标保证金除现金外，可以是银行出具的银行保函、保兑支票、银行汇票或现金支票。

投标保证金不得超过项目估算价的百分之二，但最高不得超过八十万元人民币。投标保证金有效期应当与投标有效期一致。

投标人应当按照招标文件要求的方式和金额，将投标保证金随投标文件提交给招标人或其委托的招标代理机构。

依法必须进行施工招标的项目的境内投标单位，以现金或者支票形式提交的投标保证金应当从其基本账户转出。

案例2　追加采购规避招标

某单位需采购一批除铁器，概算金额为600万元，按其公司内部招标采购制度，该采购项目属于强制公开招标的项目。但该单位先以公开招标的方式进行了零星采购，在确定了某一特定的供应商和价格（高于市场价）之后，就不经招标，直接以此价格与该供应商又签订了大额采购合同，并长期续签。

风险辨识

本案主要存在三大风险：一是招标人化整为零，规避招标，违反制度规定。除铁器只是一种常规设备，供应商众多，不存在不在特定供应商处采购将影响施工或者功能配套要求的问题，因而不在《招标投标法实施条例》规定的可以不进行招标之列。该单位先以招标的方式进行零星采购，故意将强制招标的大项目化整为零，先招小项目，后送大项目，以虚假的追加采购来规避招标。二是招标人与某一特定供应商以长期续签合同的方式规避招标，变相排斥其他潜在投标人，违反公平公正原则。三是招标人助长了特定供应商高价垄断市场，增加单位的采购成本，损害单位的利益，极易产生腐败交易。

风险防控

《招标投标法》第二条规定，“在中华人民共和国境内进行招标投标活动，适用本法”。根据《招标投标法实施条例释义》的解释，本项目虽不是依法必须进行招标的项目，但采购人根据其制度规定选择了以招标的方式进行采购，就应当遵守《招标投标法》和《招标投标法实施条例》的相关规定。在招标采购实践中，以各种手段规避招标的现象屡见不鲜，背后往往隐藏着权钱交易，导致损公肥私。该单位的相关主管部门应尽快纠正此类违规操作，严格制度的执行，并追究相关人员违反制度规定的责任。采购人员应严格执行强制招标的制度规定，不得钻制度的空子，故意规避招标。

相关依据

《招标投标法》

第二条　在中华人民共和国境内进行招标投标活动，适用本法。

第四条　任何单位和个人不得将依法必须进行招标的项目化整为零或者以其他任何方式规避招标。

第四十九条　违反本法规定，必须进行招标的项目而不招标的，将必须进行招标的项目化整为零或者以其他任何方式规避招标的，责令限期改正，可以处项目合同金额千分之五以上千分之十以下的罚款；对全部或者部分使用国有资金的项目，可以暂停项目执行或者暂停资金拨付；对单位直接负责的主管人员和其他直接责任人员依法给予处分。

第六十六条　涉及国家安全、国家秘密、抢险救灾或者属于利用扶贫资金实行以工代赈、需要使用农民工等特殊情况，不适宜进行招标的项目，按照国家有关规定可以不进行招标。

《招标投标法实施条例》

第九条　除招标投标法第六十六条规定的可以不进行招标的特殊情况外，有下列情形之一的，可以不进行招标：

（一）需要采用不可替代的专利或者专有技术；

（二）采购人依法能够自行建设、生产或者提供；

（三）已通过招标方式选定的特许经营项目投资人依法能够自行建设、生产或者提供；

（四）需要向原中标人采购工程、货物或者服务，否则将影响施工或者功能配套要求；

（五）国家规定的其他特殊情形。

招标人为适用前款规定弄虚作假的，属于招标投标法第四条规定的规避招标。

案例3　签订虚假合同规避招标

某单位需采购一批设备备件，概算金额为2000万元，按其公司内部招标采购制度，该采购项目属于强制公开招标的项目。但该单位并未进行公开招标，而是以设备维修的名义直接与某商贸公司签订了一份设备维修服务合同，经查，该维修合同中并没有维修服务列项，只有备件目录，且备件价格就是合同价格。

风险辨识

本案的风险主要是采购人以虚假的维修服务合同规避备件采购招标，违反制度规定。采购人员与某商贸公司所签的维修服务合同没有维修内容只有备件目录，明显是虚假的维修合同，是以维修之名行采购之实，达到规避招标的目的，违反其内部的制度规定。

风险防控

目前我国法律法规和行政规章及地方性规定都规定了建筑工程应当招标的范围。作为招标单位应当按照国家和地方的相关依据进行招标,否则,将要承担相应的法律后果。但是货物和服务项目的强制招标只是政府采购选择供应商的主要方式,对其他组织没有硬性规定。一些国有企业为加强采购管理,参照《政府采购法》等相关依据,通过企业制度将达到一定金额的重大货物采购项目或服务项目也纳入了招标的体系范围内,发挥防控采购风险的作用。该单位的制度显然是规定达到一定金额的货物采购项目强制招标,但未对服务项目作出规定,这样才使相关人员为规避招标以维修服务之名行货物采购之实。该单位主管部门应尽快纠正此类违规操作,加强合同管理,杜绝虚假合同,同时加强对设备维修维护等服务类项目采购的管理和监督,完善制度,将达到一定金额的重大维修维护项目纳入到招标采购的体系。

相关依据

《招标投标法》

第二条　在中华人民共和国境内进行招标投标活动,适用本法。

第四条　任何单位和个人不得将依法必须进行招标的项目化整为零或者以其他任何方式规避招标。

案例 4　未批先招

某国有大型化工企业为扩大生产需新建厂房,为赶工期,决定边申请审批边进行招标。该公司委托某招标代理机构编制招标文件，发布招标公告。有6家单位前来投标，经评审某投标单位被公示中标，但其迟迟没有接到招标人发送的中标通知书，经与招标人联系得知原来招标人新建的厂房离市区较近，由于环保问题，一直没有获得相关部门的批准。

风险辨识

本案存在三大风险：一是招标人不具备招标条件而招标，违反《招标投标法》第九条的规定，"招标项目按照国家有关规定需要履行项目审批手续的，应当先履行审批的手续，取得批准"。二是招标人无正当理由不发出中标通知书，违反法律法规。《招标投标法》第四十五条规定，"中标人确定后，招标人应当向中标人发出中标通知书，并同时将中标结果通知所有未中标的投标人"。三是因招标人违法违规操作而导致招标失败给中标人造成的损失，需依法承担赔偿责任。

风险防控

招标人启动招标程序必须具备一定的先决条件。一些招标项目需要国家有关部门审批，如果法律法规或规章规定需要审批的都应当先进行审批。审批包括两个部分：一个是项目立项的审批，一个是项目招标投标的审批。对于法律规定必须经过审批的项目，在未经审批通过之前，不能进行招标。本案的招标人不具备招标条件而招标，明知故犯，使自己陷入了尴尬境地，我们应该引以为戒。

相关依据

《招标投标法》

第九条　招标项目按照国家有关规定需要履行项目审批手续的，应当先履行审批的手续，取得批准。

招标人应当有进行招标项目的相应资金或者资金来源已经落实，并应当在招标文件中如实载明。

第四十五条　中标人确定后，招标人应当向中标人发出中标通知书，并同时将中标结果通知所有未中标的投标人。

中标通知书对招标人和中标人具有法律效力。中标通知书发出后，招标人改变中标结果的，或者中标人放弃中标项目的，应当依法承担法律责任。

《招标投标法实施条例》

第七条　按照国家有关规定需要履行项目审批、核准手续的依法必须进行招标的项目，其招标范围、招标方式、招标组织形式应当报项目审批、核准部门审批、核准。项目审批、核准部门应当及时将审批、核准确定的招标范围、招标方式、招标组织形式通报有关行政监督部门。

第七十三条　依法必须进行招标的项目的招标人有下列情形之一的，由有关行政监督部门责令改正，可以处中标项目金额10‰以下的罚款；给他人造成损失的，依法承担赔偿责任；对单位直接负责的主管人员和其他直接责任人员依法给予处分：

（一）无正当理由不发出中标通知书；

（二）不按照规定确定中标人；

（三）中标通知书发出后无正当理由改变中标结果；

(四)无正当理由不与中标人订立合同;

(五)在订立合同时向中标人提出附加条件。

案例5 变相改变招标方式

某依法应当公开招标的项目,在招标公告的资格条件中要求投标人必须是经招标人技术评审合格的单位。原来,招标人在招标之前先组织了一个技术评审会,对其邀请的5家知名单位进行了评审和打分,将得分在60分(含)以上的定为合格单位,只有3家单位合格。

风险辨识

本案的风险主要是招标人变相更改招标方式,违反法律法规。根据《招标投标法》的规定招标分为公开招标和邀请招标,招标人应优先进行公开招标,只有出现法定原因或达到法定条件才允许进行邀请招标。(公开招标是指招标人以招标公告的方式邀请不特定的法人或其他组织投标)。该项目是依法必须公开招标的项目,招标人应当邀请不特定的法人或者其他组织参与投标,但其在招标之前先以技术评审为名邀请特定的几家单位参评,后在招标文件的资格条件中要求投标人必须是技术评审合格单位,而合格单位是特定的3家单位,这样就变相地把公开招标改为邀请招标。属于《招投标法实施条例》中规定的"依法应当公开招标而采用邀请招标"的行为,依据《招投标法实施条例》第六十四条规定,应由有关行政监督部门责令改正,可以处10万元以下的罚款。

风险防控

依法应当公开招标而采用邀请招标的,实际上剥夺了其他潜在投标人参加投标的机会,降低了招标投标的公开性和竞争性。招标人应该严格按照规定的招标方式组织招标,不应在资格条件上做文章,披着公开招标的外衣组织邀请招标,为特定投标人中标创造条件。招标人应当修改招标文件,去除不合理要求,真正做到公开招标,促进公平竞争。

相关依据

《招标投标法》

第十条　招标分为公开招标和邀请招标。

公开招标,是指招标人以招标公告的方式邀请不特定的法人或者其他组织投标。

邀请招标,是指招标人以投标邀请书的方式邀请特定的法人或者其他组织投标。

第六十六条　涉及国家安全、国家秘密、抢险救灾或者属于利用扶贫资金实行以工代赈、需要使用农民工等特殊情况,不适宜进行招标的项目,按照国家有关规定可以不进行招标。

《招标投标法实施条例》

第九条　除招标投标法第六十六条规定的可以不进行招标的特殊情况外,有下列情形之一的,可以不进行招标:

(一)需要采用不可替代的专利或者专有技术;

(二)采购人依法能够自行建设、生产或者提供;

(三)已通过招标方式选定的特许经营项目投资人依法能够自

行建设、生产或者提供；

（四）需要向原中标人采购工程、货物或者服务，否则将影响施工或者功能配套要求；

（五）国家规定的其他特殊情形。

招标人为适用前款规定弄虚作假的，属于招标投标法第四条规定的规避招标。

第六十四条　招标人有下列情形之一的，由有关行政监督部门责令改正，可以处10万元以下的罚款：

（一）依法应当公开招标而采用邀请招标；

（二）招标文件、资格预审文件的发售、澄清、修改的时限，或者确定的提交资格预审申请文件、投标文件的时限不符合招标投标法和本条例规定；

（三）接受未通过资格预审的单位或者个人参加投标；

（四）接受应当拒收的投标文件。

招标人有前款第一项、第三项、第四项所列行为之一的，对单位直接负责的主管人员和其他直接责任人员依法给予处分。

案例6　擅自改变采购方式

某依法必须招标的工程建设施工项目公开招标，第一次招标，经评审，6家投标单位均不满足招标文件资格要求中的“提供由企业法律顾问或公证机构开具的近一年内无诉讼、无重大安全、质量事故的证明”而全部被否决投标，招标失败。后招标人修改了招标文件的资格要求，取消了该条要求后又重新招标，开标当天正好下雪，几个投标人打来电话都说飞机延误了，只有两家单位按时递交了投标文

件，重新招标失败，招标人要求招标代理公司组织直接与两家递交了投标文件的单位进行竞争性谈判。

风险辨识

本案的风险主要是招标人可能未经审批，擅自改变采购方式，违反相关规定。根据《工程建设项目施工招标投标办法》第三十八条的规定，依法必须进行施工招标的项目重新招标后投标人仍少于三个的，属于必须审批、核准的工程建设项目，需报经原审批、核准部门审批、核准后才可以不再进行招标。

风险防控

招标人不应急于组织两家单位开展竞争性谈判，而应首先辨别该招标项目是否属于必须审批、核准的工程建设项目，如果是则应按照规定，报经原审批、核准部门审批、核准后才可不再招标，否则属违规操作。

相关依据

《工程建设项目施工招标投标办法》

第三十八条　投标人应当在招标文件要求提交投标文件的截止时间前，将投标文件密封送达投标地点。招标人收到投标文件后，应当向投标人出具标明签收人和签收时间的凭证，在开标前任何单位和个人不得开启投标文件。

在招标文件要求提交投标文件的截止时间后送达的投标文件，招标人应当拒收。

依法必须进行施工招标的项目提交投标文件的投标人少于三个

的，招标人在分析招标失败的原因并采取相应措施后，应当依法重新招标。重新招标后投标人仍少于三个的，属于必须审批、核准的工程建设项目，报经原审批、核准部门审批、核准后可以不再进行招标；其他工程建设项目，招标人可自行决定不再进行招标。

案例7　招标公告发布不当

某依法必须招标的工程施工项目公开招标，招标人在本省的电子招标投标公共服务平台上发布了内容完整的招标公告，而在中国招标投标公共服务平台上发布了删减版的招标公告，省略了投标人资格要求中的部分内容。

风险辨识

本案的风险主要是招标人在不同媒介发布的同一招标项目的招标公告的内容不一致，违反相关规定。根据《招标公告和公示信息发布管理办法》第十八条的规定，在不同媒介发布的同一招标项目的资格预审公告或者招标公告的内容不一致，影响潜在投标人申请资格预审或者投标的，由有关行政监督部门责令改正，并视情况依照《招标投标法》第四十九条、第五十一条及有关规定处罚。

风险防控

招标人不在国家指定的覆盖面比较大的网站——中国招标投标公共服务平台上发布全文招标公告，而在地方性的媒介发布全文公告，使受众局限在当地，阻碍潜在投标人获取完整招标信息，实质上限制和排斥了部分潜在投标人，削弱了招标投标的竞争效果。相关监督主体应当立即纠正招标人的违规操作，要求招标人在国家指定的中国招标投标公共服务平台重新发布补充完整的招标公告，并顺延公告时间。

相关依据

《招标公告和公示信息发布管理办法》

第十五条　依法必须招标项目的招标公告和公示信息除在发布媒介发布外，招标人或其招标代理机构也可以同步在其他媒介公开，并确定内容一致。

其他媒介可以依法全文转载依法必须招标项目的招标公告和公示信息，但不得改变其内容，同时必须注明信息来源。

第十八条　招标人或其招标代理机构有下列行为之一的，由有关行政监督部门责令改正，并视情形依照《中华人民共和国招标投标法》第四十九条、第五十一条及有关规定处罚：

（一）依法必须公开招标的项目不按照规定在发布媒介发布招标公告和公示信息；

（二）在不同媒介发布的同一招标项目的资格预审公告或者招标公告的内容不一致，影响潜在投标人申请资格预审或者投标；

（三）资格预审公告或者招标公告中有关获取资格预审文件或者招标文件的时限不符合招标投标法律法规规定；

（四）资格预审公告或者招标公告中以不合理的条件限制或者排斥潜在投标人。

《招标投标法》

第四十九条　违反本法规定，必须进行招标的项目而不招标的，将必须进行招标的项目化整为零或者以其他任何方式规避招标的，责令限期改正,可以处项目合同金额千分之五以上千分之十以下的罚款;对全部或者部分使用国有资金的项目,可以暂停项目执行或者暂停资金拨付;对单位直接负责的主管人员和其他直接责任人员依法给予处分。

第五十一条　招标人以不合理的条件限制或者排斥潜在投标人的,对潜在投标人实行歧视待遇的,强制要求投标人组成联合体共同投标的,或者限制投标人之间竞争的,责令改正,可以处一万元以上五万元以下的罚款。

案例8　修改招标公告

某依法应当公开招标的项目,招标人在中国招标投标公共服务平台上发布了招标公告,公告发出3天后,招标人发现公告规定的投标人资格条件中有一些要求与项目的实际需要不相适应,决定修改资格条件。为减少招标时间,招标人便直接向已购买招标文件的3个潜在投标人发出修改资格条件的澄清。

风险辨识

本案的风险主要是招标人变相排斥部分潜在投标人,违反《招标投标法实施条例》的规定和公平原则。招标公告是面向所有潜在投标人的要约邀请,修改招标公告中的资格要求等实质性内容也应通知所有潜在投标人,招标人只向已购买招标文件的潜在投标人发出修改资格条件的澄清,构成"就同一招标项目向潜在投标人提供有差别的项目信息";属于《招标投标法实施条例》中列举的"以不合理条件限制、排斥潜在投标人或者投标人"的情形,会排斥那些先前未购买招标文件但符合修改后的资格要求的潜在投标人,对其不公平,不利于充分竞争。

风险防控

招标公告制度的设立是为了方便潜在投标人及时便捷获取招标信息,增加投标参与度,有效引导投标人积极参与竞争,提高采购质量。公告发布范围的广泛性、传递信息的真实性和准确性、有关获取资格预审文件或招标文件规定的合理性,直接影响到招标制度的执行效果。招标投标实践中,通过不规范发布招标公告,以排斥或者限制潜在投标人,甚至规避招标的情况也较常见,亟待治理,从源头上防控风险。本案的招标人应当以公告方式终止招标,再重新发布招标公告,招标公告和招标文件中同时调整资格条件,并通知已经购买招标文件的潜在投标人免费更换新的招标文件,开标时间相应顺延。

相关依据

《招标投标法实施条例》

第三十二条　招标人不得以不合理的条件限制、排斥潜在投标人或者投标人。

招标人有下列行为之一的,属于以不合理条件限制、排斥潜在投标人或者投标人:

(一)就同一招标项目向潜在投标人或者投标人提供有差别的项目信息;

(二)设定的资格、技术、商务条件与招标项目的具体特点和实际需要不相适应或者与合同履行无关;

(三)依法必须进行招标的项目以特定行政区域或者特定行业

的业绩、奖项作为加分条件或者中标条件；

(四)对潜在投标人或者投标人采取不同的资格审查或者评标标准；

(五)限定或者指定特定的专利、商标、品牌、原产地或者供应商；

(六)依法必须进行招标的项目非法限定潜在投标人或者投标人的所有制形式或者组织形式；

(七)以其他不合理条件限制、排斥潜在投标人或者投标人。

案例9　资格预审主体不当

某依法必须进行招标的工程施工项目公开招标，由于潜在投标人众多，招标人决定先组织资格预审再招标。于是招标人组织本单位采购部门的两名员工和招标代理的两个工作人员对递交资格预审申请的18家单位进行了资格预审。

风险辨识

本案的风险主要是资格预审的主体不当，违反法律法规。根据《招标投标法实施条例》第十八条，“国有资金占控股或者主导地位的依法必须进行招标的项目，招标人应当组建资格审查委员会审查资格预审申请文件。资格审查委员会及其成员应当遵守招标投标法和本条例有关评标委员会及其成员的规定”。这些规定包括：评标委员会由招标人的代表和有关技术、经济等方面的专家组成，成员人数为五人以上单数，其中技术、经济等方面的专家不得少于成员总数的三分之二。评标专家必须具有法定的资质并从法定的专家库以随机抽取方式确定。任何单位和个人不得以明示、暗示等任何方式指定或者变相指定参加评标委员会的专家成员。本案的招标人组建的资格审查委员会成员为4人,不符合规定的5人以上单数的要求;人员均来自招标人和代理公司内部,不符合“其中技术、经济等方面的专家不得少于成员总数的三分之二”的人员比例要求;确定方式为招标人指定,不符合规定的随机抽取的方式;另外成员的资质是否满足规定要求也不得而知。

风险防控

资格预审是在投标前对获取资格预审文件并提交资格预审申请文件的潜在投标人进行资格审查的一种方式。一般适用于潜在投标人较多或者大型、技术复杂的项目。法律规定,国有资金占控股或者主导地位的依法必须招标的项目由依法组建的资格审查委员会负责审查资格预审文件,这有利于提高资格审查的科学性和公正性。避免招标人通过资格预审搞虚假招标、围标串标和排斥潜在投标人等方式谋取私利,侵蚀国家和人民财产。本案的相关监督主体应该及时纠正招标人违规组建资格预审委员会开展资格审查的行为,要求其重视资格预审工作,严格执行法律法规,参照评标委员会的相关依据组建资格预审委员会,重新进行资格预审。

相关依据

《招标投标法实施条例》

第十八条　资格预审应当按照资格预审文件载明的标准和方法进行。

国有资金占控股或者主导地位的依法必须进行招标的项目,招标人应当组建资格审查委员会审查资格预审申请文件。资格审查委员会及其成员应当遵守招标投标法和本条例有关评标委员会及其成员的规定。

第四十六条　除招标投标法第三十七条第三款规定的特殊招标项目外,依法必须进行招标的项目,其评标委员会的专家成员应当从评标专家库内相关专业的专家名单中以随机抽取方式确定。任何单位和个人不得以明示、暗示等任何方式指定或者变相指定参加评标委员会的专家成员。

依法必须进行招标的项目的招标人非因招标投标法和本条例规定的事由,不得更换依法确定的评标委员会成员。更换评标委员会的专家成员应当依照前款规定进行。

评标委员会成员与投标人有利害关系的,应当主动回避。

有关行政监督部门应当按照规定的职责分工,对评标委员会成员的确定方式、评标专家的抽取和评标活动进行监督。行政监督部门的工作人员不得担任本部门负责监督项目的评标委员会成员。

《招标投标法》

第三十七条　评标由招标人依法组建的评标委员会负责。

依法必须进行招标的项目,其评标委员会由招标人的代表和有关技术、经济等方面的专家组成,成员人数为五人以上单数,其中技术、经济等方面的专家不得少于成员总数的三分之二。

前款专家应当从事相关领域工作满八年并具有高级职称或者具有同等专业水平,由招标人从国务院有关部门或者省、自治区、直辖市人民政府有关部门提供的专家名册或者招标代理机构的专家库内的相关专业的专家名单中确定;一般招标项目可以采取随机抽取方式,特殊招标项目可以由招标人直接确定。

与投标人有利害关系的人不得进入相关项目的评标委员会；已经进入的应当更换。

评标委员会成员的名单在中标结果确定前应当保密。

案例 10　标段划分不当

某工程施工项目公开招标，招标人将相同内容的施工划分为 6 个标段，并规定同一投标人可以投多个标段，但如果在多个标段中排名第一，只能选择一个标段中标，退出其他标段的排名。某投标人在其中两个标段中排名第一且投标价格也最低，但根据规定不能都被推荐，必须推荐其中一个标段中排名第二的较高报价投标人。第四、五、六 3 个标段均只有 3 个投标人通过初步评审，由于排名前两位的投标人均已在前面的标段中被推荐，按照规定，3 个标段都只能推荐报价最高的投标人。最后 6 个投标人每人中了一个标段。

风险辨识

本案的风险主要是不合理划分标段，增加采购成本，损害招标人合法权益。本案将简单的施工项目划分为多个标段，并规定投标人可以投多个标段却只能中一个标段，从而故意限制低价中标，人为增加中标人数量，抬高中标价格，有照顾多个关系户使利益均分的嫌疑。

风险防控

在招标投标实践中，存在利用划分标段实现非法目的的情况，招标人按照潜在投标人数量划分标段，使每一潜在投标人均有可能中标，导致招标失去意义，从而实现非法交易，必须严格禁止。招标人应在充分考虑合同规模、技术标准分类要求、潜在投标人状况，以及合同履行期限等因素的基础上合理划分标段。相关部门应加强监督管理，防止通过划分标段实现非法交易或规避招标。

相关依据

《招标投标法》

第十九条　招标人应当根据招标项目的特点和需要编制招标文件。招标文件应当包括招标项目的技术要求、对投标人资格审查的标准、投标报价要求和评标标准等所有实质性要求和条件以及拟签订合同的主要条款。

国家对招标项目的技术、标准有规定的，招标人应当按照其规定在招标文件中提出相应要求。

招标项目需要划分标段、确定工期的，招标人应当合理划分标段、确定工期，并在招标文件中载明。

《招标投标法实施条例》

第二十四条　招标人对招标项目划分标段的，应当遵守招标投标法的有关规定，不得利用划分标段限制或者排斥潜在投标人。依法必须进行招标的项目的招标人不得利用划分标段规避招标。

案例 11　技术规范不合理

某设备采购项目公开招标，评标期间，评标委员会 7 名专家中的 5 位外部评标专家普遍认为招标文件中的技术规范明显不合理，对设备的设计和配置存在较大问题，如设计了不必要的功能，为实现这些功

能至少多花 1/3 的钱;多配置设备,将实现同一功能的设备配置两套,且两套同时使用可能存在冲突。据招标人代表评标专家反映,由于该设备的专业性较强,招标人请某设计院负责了技术规范的编制。

风险辨识

本案的主要风险是招标文件中的技术规范不合理使招标文件存在重大缺陷,继续以其为依据评标并推荐中标候选人,可能大大增加采购成本,也可能采购到存在重大技术问题的设备,损害招标人的合法权益。

风险防控

编制好招标文件是招标人在组织整个招标投标过程中最重要和最关键的工作之一。为了能够充分、准确地表达货物的功能特性和招标需求,技术较为复杂的货物招标文件应编制技术规范,技术规范一般由招标人编制,但其专业性很强,招标人不具备专业知识的,也可聘请专业机构代为编写。但招标人应当邀请专家多方论证,把好质量关。本案的评标委员会应当停止评审并向招标人或者招标代理机构书面说明招标文件的技术规范存在较大问题的情况,招标人应当组织专家重新认定招标文件技术规范的科学性和合理性,并依据认定结果重新评审或修改招标文件的技术规范后重新招标。

相关依据

《招标投标法》

第十九条　招标人应当根据招标项目的特点和需要编制招标文

件。招标文件应当包括招标项目的技术要求、对投标人资格审查的标准、投标报价要求和评标标准等所有实质性要求和条件以及拟签订合同的主要条款。

国家对招标项目的技术、标准有规定的,招标人应当按照其规定在招标文件中提出相应要求。

招标项目需要划分标段、确定工期的,招标人应当合理划分标段、确定工期,并在招标文件中载明。

《财政部关于进一步规范政府采购评审工作有关问题的通知》

评审委员会发现采购文件存在歧义、重大缺陷导致评审工作无法进行,或者采购文件内容违反国家有关规定的,要停止评审并向采购人或者采购代理机构书面说明情况,采购人或者采购代理机构应当修改采购文件后重新组织采购。

案例12　否决条款不合法

某设备采购项目公开招标,招标文件技术规范书中的否决条款(星号条款)规定投标人的产品必须在招标人的下属单位试用过,并通过试用评议,否则就否决其投标。

风险辨识

本案的主要风险是招标文件以不合理的条件限制、排斥潜在投标人或者投标人,违反法律法规和公平原则。在招标文件的否决条款中规定"产品必须在招标人的下属单位试用过,并通过试用评议",属于以特定单位的业绩作为否决条件,明显排斥了没有在其单位试用过产品的投标人,对潜在投标人实行了歧视待遇。《招标投标法实施条例》第三十二条列举了以不合理的条件限制或者排斥潜在投标人或投标人的7种情形。其中第三种情形是“以特定行政区域或者特定行业的业绩、奖项作为加分条件或者中标条件”。而本案以特定单位的业绩作为否决条件，比条例列举的情形更加不公平，是更加明显的排斥和歧视。

风险防控

招标文件应根据需求对货物的技术规范提出具体要求，对其中的重要技术条款（参数）要加注星号（ * ），并注明若不满足任何一项标注星号的条款将被否决投标。但招标人不可随意设置星号条款，所设置的星号条款首先不能违反法律、行政法规的强制性规定，违反公开、公平、公正和诚实信用原则，影响资格预审结果或者潜在投标人投标。本案的评标委员应该停止评标并向招标人或者招标代理机构书面说明招标文件技术规范书中的否决条款（星号条款）规定“投标人的产品必须在招标人的下属单位试用过，并通过试用评议”违反了《招标投标法实施条例》第三十二条的规定，根据其第二十三条规定，招标人应修改招标文件，删除违法规定，重新组织招标。

相关依据

《招标投标法》

第十八条　招标人可以根据招标项目本身的要求，在招标公告或者投标邀请书中，要求潜在投标人提供有关资质证明文件和业绩情况，并对潜在投标人进行资格审查；国家对投标人的资格条件有规定的，依照其规定。

招标人不得以不合理的条件限制或者排斥潜在投标人，不得对潜在投标人实行歧视待遇。

《招标投标法实施条例》

第二十三条　招标人编制的资格预审文件、招标文件的内容违反法律、行政法规的强制性规定，违反公开、公平、公正和诚实信用原则，影响资格预审结果或者潜在投标人投标的，依法必须进行招标的项目的招标人应当在修改资格预审文件或者招标文件后重新招标。

第三十二条　招标人不得以不合理的条件限制、排斥潜在投标人或者投标人。

招标人有下列行为之一的，属于以不合理条件限制、排斥潜在投标人或者投标人：

（一）就同一招标项目向潜在投标人或者投标人提供有差别的项目信息；

（二）设定的资格、技术、商务条件与招标项目的具体特点和实际需要不相适应或者与合同履行无关；

（三）依法必须进行招标的项目以特定行政区域或者特定行业的业绩、奖项作为加分条件或者中标条件；

（四）对潜在投标人或者投标人采取不同的资格审查或者评标标准；

（五）限定或者指定特定的专利、商标、品牌、原产地或者供应商；

（六）依法必须进行招标的项目非法限定潜在投标人或者投标人的所有制形式或者组织形式；

（七）以其他不合理条件限制、排斥潜在投标人或者投标人。

《财政部关于进一步规范政府采购评审工作有关问题的通知》

评审委员会发现采购文件存在歧义、重大缺陷导致评审工作无法进行，或者采购文件内容违反国家有关规定的，要停止评审并向采购人或者采购代理机构书面说明情况，采购人或者采购代理机构应当修改采购文件后重新组织采购。

案例13　认定方式存在漏洞

某钛白粉采购项目公开招标，采用经评审的最低投标价法评标。招标文件中的《技术要求及用量列表》中规定，“水分≤1%”为否决条款，并注明“投标方提交的投标文件中确定的本次投标产品是否满足招标方技术要求及参数指标，以投标方按招标文件要求提交的送检样品的化验结果为准，若化验结果合格即满足招标文件的要求，若不合格即不能满足招标文件的要求”。评标时，发现某投标人送检样品的化验结果为合格，但是在投标文件的技术偏离表中明确写出“水分≤2%”，存在1%的偏离，并解释原因是所在地降雨多、湿度大，且该投标人报价最低。

风险辨识

本案的风险主要是招标文件规定的对投标产品是否满足招标文件要求的认定方式存在巨大漏洞，可能使评标委员会不得不推荐实质上不响应招标文件要求的投标人为中标候选人，损害招标人的利益。某投标人送检的样品合格但在投标文件中写明了所提供产品的“水分”这项关键技术指标与招标文件的要求存在1%的偏差，按照《评标委员会和评标方法暂行规定》是明显不符合技术规格、技术标准的要求，属于重大偏差，实质上不满足招标文件的要求，应被否决投标。但根据招标文件规定的认定方式，只要送检样品化验合格就视为投标产品满足招标文件的技术要求。评标委员会也只能认定其满足招标文件的要求，使实际上不满足要求的投标人有机会成为中标人。如果该投标人成为中标人，其提供的产品很可能不满足招标文件的实质性要求，甚至根本无法使用，使招标人受到损失。

风险防控

招标文件在招标采购中的作用至关重要，是指导招标投标活动全过程的纲领性文件，是投标人编制投标文件、评标委员会对投标文件进行评审的依据。招标文件编制质量的好坏往往直接决定着招标项目的成败。本案的评标委员会发现招标文件存在重大缺陷导致评标工作无法进行，应该停止评标并向招标人或者招标代理机构书面说明情况，如果按照招标文件规定的认定方式，投标文件存在重大偏差的投标人将被推荐为中标候选人，具有重大风险。招标人应当修改招标文件，弥补重大缺陷，重新组织招标。

相关依据

《评标委员会和评标方法暂行规定》

第二十三条　评标委员会应当审查每一投标文件是否对招标文件提出的所有实质性要求和条件作出响应。未能在实质上响应的投标，应当予以否决。

第二十四条　评标委员会应当根据招标文件，审查并逐项列出投标文件的全部投标偏差。投标偏差分为重大偏差和细微偏差。

第二十五条　下列情况属于重大偏差：

（一）没有按照招标文件要求提供投标担保或者所提供的投标担保有瑕疵；

（二）没有按照招标文件要求由投标人授权代表签字并加盖公章；

（三）投标文件载明的招标项目完成期限超过招标文件规定的完成期限；

（四）明显不符合技术规格、技术标准的要求；

（五）投标文件记载的货物包装方式、检验标准和方法等不符合招标文件的要求；

（六）投标文件附有招标人不能接受的条件；

（七）不符合招标文件中规定的其他实质性要求。

投标文件有上述情形之一的，为未能对招标文件作出实质性响应，并按第二十三条规定作否决投标处理。招标文件对重大偏差另有规定的，从其规定。

《财政部关于进一步规范政府采购评审工作有关问题的通知》

评审委员会发现采购文件存在歧义、重大缺陷导致评审工作无法进行，或者采购文件内容违反国家有关规定的，要停止评审并向采购人或者采购代理机构书面说明情况，采购人或者采购代理机构应当修改采购文件后重新组织采购。

案例 14　限制品牌

某设备采购项目公开招标，评标时，招标人代表评标专家以某投标人未按招标文件的规定选择备件而主张否决其投标。经查，招标文件的技术规格中规定备件的生产商为西门子，而该投标人备件的生产商为一家国内企业。

风险辨识

本案的风险主要是招标文件要求特定的生产供应商,含有倾向或者排斥潜在投标人的内容,违反法律法规。《招标投标法》第二十条明确规定,“招标文件不得要求或者标明特定的生产供应者以及含有倾向或者排斥潜在投标人的其他内容”。本案招标文件明确规定备件的生产商是西门子,属于“标明特定的生产供应者”的情形,本身就违反法律规定。如果评标委员会再据此否决该投标人的投标必将导致评审错误,损害投标人的合法权益,引发投诉。

风险防控

限定或指定特定的专利、商标、品牌、原产地或者供应商的情形一般出现在货物招标中,一些招标人通常通过这种方式倾向和保护意向中的投标人,限制或排斥其他潜在投标人。本案中招标文件的内容违反国家有关规定,评标委员会应该停止评标并向招标人或者招标代理机构书面说明情况,招标人应修改招标文件,删除违法规定,重新组织招标。然而在评标实践中,很少有评标专家主动对招标文件的条款提出质疑,即使招标文件中存在违反招标投标相关法律法规的内容。笔者发现《财政部关于进一步规范政府采购评审工作有关问题的通知》在这方面对评标委员会作出了要求,希望招标投标其他法律法规也能借鉴,作出相应的规定,使评标委员会不仅要依据招标文件评标也有义务对招标文件的合法性和正确性作出评估。

相关依据

《招标投标法》

第二十条　招标文件不得要求或者标明特定的生产供应者以及含有倾向或者排斥潜在投标人的其他内容。

《工程建设项目货物招标投标办法》

第二十五条　招标文件规定的各项技术规格应当符合国家技术法规的规定。

招标文件中规定的各项技术规格均不得要求或标明某一特定的专利技术、商标、名称、设计、原产地或供应者等，不得含有倾向或者排斥潜在投标人的其他内容。如果必须引用某一供应者的技术规格才能准确或清楚地说明拟招标货物的技术规格时，则应当在参照后面加上“或相当于”的字样。

《财政部关于进一步规范政府采购评审工作有关问题的通知》

评审委员会发现采购文件存在歧义、重大缺陷导致评审工作无法进行，或者采购文件内容违反国家有关规定的，要停止评审并向采购人或者采购代理机构书面说明情况，采购人或者采购代理机构应当修改采购文件后重新组织采购。

案例15　限制区域业绩

某依法必须进行招标的工程建设施工项目公开招标，采用综合评估法评标，评标办法的打分表中规定，具有项目所在地区施工业绩的，每个业绩加3分。

风险辨识

本案的风险主要是招标文件规定给特定区域的业绩加分，招标人涉嫌以不合理条件限制、排斥潜在投标人，违反法规规定和公平原则。招标文件的打分表中规定“具有项目所在地区施工业绩的，每个业绩加3分”，是以特定行政区域的业绩作为加分条件，属于《招投标法实施条例》第三十二条规定的“招标人不得以不合理的条件限制、排斥潜在投标人或者投标人”的情形。对其他地区的在潜投标人不公平。

风险防控

招标投标中由于投标人来自不同的地区和行业，其所积累的业绩通常具有地域性和行业性，如果以特定行政区域和特定行业的业绩作为评标的加分条件，会限制和排斥本地区、本行业之外的潜在投标人，是地方保护和行业封锁的体现，不利于公平竞争的大市场的形成，应当禁止。本案招标人在招标文件中不应直接限定“项目所在地”这个固定的行政区域的业绩，而可以从项目本身具有的技术管理特点需要和所处自然环境条件的角度对潜在投标人提出类似项目业绩要求或评标加分标准。本案的招标文件存在违反法律法规禁止性规定的内容，评标委员会应该停止评标并向招标人或招标代理机构书面说明情况，招标人应该修改招标文件，删除不当内容，重新组织招标。

相关依据

《招标投标法实施条例》

第三十二条　招标人不得以不合理的条件限制、排斥潜在投标人或者投标人。

招标人有下列行为之一的，属于以不合理条件限制、排斥潜在投标人或者投标人：

（一）就同一招标项目向潜在投标人或者投标人提供有差别的项目信息；

（二）设定的资格、技术、商务条件与招标项目的具体特点和实际需要不相适应或者与合同履行无关；

（三）依法必须进行招标的项目以特定行政区域或者特定行业的业绩、奖项作为加分条件或者中标条件；

（四）对潜在投标人或者投标人采取不同的资格审查或者评标标准；

（五）限定或者指定特定的专利、商标、品牌、原产地或者供应商；

（六）依法必须进行招标的项目非法限定潜在投标人或者投标人的所有制形式或者组织形式；

（七）以其他不合理条件限制、排斥潜在投标人或者投标人。

《招标投标法》

第五十一条　招标人以不合理的条件限制或者排斥潜在投标人的，对潜在投标人实行歧视待遇的，强制要求投标人组成联合体共同投标的，或者限制投标人之间竞争的，责令改正，可以处一万元以上五万元以下的罚款。

《财政部关于进一步规范政府采购评审工作有关问题的通知》

评审委员会发现采购文件存在歧义、重大缺陷导致评审工作无法进行，或者采购文件内容违反国家有关规定的，要停止评审并向采购人或者采购代理机构书面说明情况，采购人或者采购代理机构应当修改采购文件后重新组织采购。

案例 16　业绩要求不符合实际需要

某通信光缆采购项目公开招标，项目概算为 150 万元，但招标文件资格要求投标人提供近三年的三份供货业绩，且单份合同业绩在 1000 万元以上。两次招标均只有一家单位投标。项目因两次招标失败只能转为单一来源采购。

风险辨识

本案的风险主要是招标文件规定的资格要求与招标项目的实际需要不相适应，导致招标连续失败，浪费人力、物力。招标人的采购概算只有 150 万元，却要求潜在投标人提供 3 份单笔合同 1000 万元以上的合同业绩，资格要求明显过高，与招标项目的具体特点和实际需要不相适应，属于《招标投标法实施条件》第三十二条第二款列举的以不合理的条件限制、排斥潜在投标人的情形。

风险防控

招标人可以在招标公告、投标邀请书和招标文件中要求潜在投标人具有相应的资格、技术和商务条件，但应根据采购项目的实际情况，在充分的市场调研基础上设置合理的资格条件，不得脱离招标项目的具体特点和实际需要，随意和盲目地设定投标人要求，否则可能排斥合格的潜在投标人，也可能导致社会资源的浪费。同时，一些招标人也会利用设定不切实际的资格要求来实现不法目的，例如，按照某投标人的条件“量体裁衣”，将本来无关紧要的普通技术指标或者商务条款设定为必须响应的实质性指标,达到排斥、限制的目的。或者设置较高的资格门槛,人为导致两次招标失败,从而合法合规地转变采购方式,规避招标。相关部门应加强监管。

相关依据

《招标投标法实施条例》

第三十二条　招标人不得以不合理的条件限制、排斥潜在投标人或者投标人。

招标人有下列行为之一的,属于以不合理条件限制、排斥潜在投标人或者投标人:

(一)就同一招标项目向潜在投标人或者投标人提供有差别的项目信息;

(二)设定的资格、技术、商务条件与招标项目的具体特点和实际需要不相适应或者与合同履行无关;

(三)依法必须进行招标的项目以特定行政区域或者特定行业的业绩、奖项作为加分条件或者中标条件;

(四)对潜在投标人或者投标人采取不同的资格审查或者评标标准;

(五)限定或者指定特定的专利、商标、品牌、原产地或者供应商;

(六)依法必须进行招标的项目非法限定潜在投标人或者投标人的所有制形式或者组织形式;

(七)以其他不合理条件限制、排斥潜在投标人或者投标人。

《招标投标法》

第五十一条　招标人以不合理的条件限制或者排斥潜在投标人

的,对潜在投标人实行歧视待遇的,强制要求投标人组成联合体共同投标的,或者限制投标人之间竞争的,责令改正,可以处一万元以上五万元以下的罚款。

案例17　关键指标前后不一致

某变压器采购项目公开招标,招标公告的货物一览表中写明要采购的是10kV变压器,但技术规范书中的否决条款却规定变压器的额定电压为6.3kV。评标委员会评审发现响应两种规定的投标人都有,无法评判谁响应招标文件的要求。

风险辨识

本案的风险主要是招标文件的关键指标前后不一致,存在重大错误,将会导致招标失败,拖延采购时间。招标项目要采购10kV的变压器,技术规范书的否决条款规定的额定电压却是6.3kV,存在重大缺陷,使投标人无法正确响应招标文件,也使评标委员会丧失评标依据,只能导致招标失败。

风险防控

本案的评标委员会应当以招标文件存在重大缺陷导致评审工作无法进行为由,停止评审并向招标人或者招标代理机构书面说明情况,招标人应当修改招标文件后重新组织招标。同时招标人应当总结经验认真编制招标文件,特别是对否决条款,应当反复论证,多人复核,不要因笔误而导致招标失败,浪费人力、物力。

相关依据

《招标投标法实施条例》

第四十九条　评标委员会成员应当依照招标投标法和本条例的规定,按照招标文件规定的评标标准和方法,客观、公正地对投标文件提出评审意见。招标文件没有规定的评标标准和方法不得作为评标的依据。

评标委员会成员不得私下接触投标人,不得收受投标人给予的财物或者其他好处,不得向招标人征询确定中标人的意向,不得接受任何单位或者个人明示或者暗示提出的倾向或者排斥特定投标人的要求,不得有其他不客观、不公正履行职务的行为。

《财政部关于进一步规范政府采购评审工作有关问题的通知》

评审委员会发现采购文件存在歧义、重大缺陷导致评审工作无法进行,或者采购文件内容违反国家有关规定的,要停止评审并向采购人或者采购代理机构书面说明情况,采购人或者采购代理机构应当修改采购文件后重新组织采购。

案例18　引用国家标准有误

某货物采购项目公开招标,评标时,评标专家发现招标文件技术规范书中的一条否决条款引用的是国家标准,但存在明显错误,将1错引为1%。而投标人有的响应1,有的响应1%。

风险辨识

本案的风险主要是招标文件存在重大错误,无法继续评审,导致招标失败,拖延采购时间。招标文件是评标的依据,其否决条款(星号条款)出现错误,意味着评标的依据错误,评标委员会无法继续评审工作,如果按照招标文件评标,就得否决真正符合国家标准的投标人,可能买到不满足使用需要的产品。

风险防控

本案招标文件中的错误看似不大,但出现在否决条款里就变成了致命的错误,直接导致了招标的失败,浪费了人力、物力,大大拖延了采购的时间。从原因上看主要是招标文件编制人员缺乏职业素养,工作不认真、粗心大意。或者招标文件由多人分工编制,再拼凑起来,无人总体协调把关。招标企业要加强对专业招标采购人员,特别是招标文件编制人员的准入、培训和考核管理,设置从业门槛,鼓励学习提高,建立失误失职惩处机制,提升招标采购的专业化水平。

相关依据

《招标投标法实施条例》

第四十九条　评标委员会成员应当依照招标投标法和本条例的规定,按照招标文件规定的评标标准和方法,客观、公正地对投标文件提出评审意见。招标文件没有规定的评标标准和方法不得作为评标的依据。

评标委员会成员不得私下接触投标人,不得收受投标人给予的财物或者其他好处,不得向招标人征询确定中标人的意向,不得接受任何单位或者个人明示或者暗示提出的倾向或者排斥特定投标人的要求,不得有其他不客观、不公正履行职务的行为。

《财政部关于进一步规范政府采购评审工作有关问题的通知》

评审委员会发现采购文件存在歧义、重大缺陷导致评审工作无法进行，或者采购文件内容违反国家有关规定的，要停止评审并向采购人或者采购代理机构书面说明情况，采购人或者采购代理机构应当修改采购文件后重新组织采购。

案例19　评标方法不当

某土方剥离项目公开招标，共有52家单位投标，采用综合评估法评标。经评审，评标委员会推荐了次高价投标单位，但公示其间，最低价投标人投诉被推荐的中标候选人业绩造假。经查属实。招标人重新组织评标，推荐了某中间价投标人，最低价投标人又投诉其租借资质投标，经查属实。

风险辨识

本案的风险主要是评标方法选择不当，增加评审错误率。土方剥离项目属于技术含量较低，施工工艺和过程较简单的项目，招标人对其技术、性能也没有特殊要求，投标人众多。采用综合评估法评标不但增加了评标的工作量，提高了评审错误发生的概率，也为人为操纵高价中标提供了机会，可能损害招标人的合法权益，也会引起低报价投标人的不满，增加投诉量，拖延招标采购的时间。

风险防控

常用的评标方法总体可以分为综合评估法和经评审的最低投标价法两类。综合评估法是综合衡量价格、商务、技术等各项因素对招标文件的满足程度，按照统一的标准量化后进行比较的评标方法。一般情况下，不宜采用经评审的最低投标价法的招标项目，尤其是对价格因素外的技术和商务因素影响较大的招标项目可以采用综合评估法。经评审的最低投标价法以价格为主导考量因素，中标人的投标应当能够满足招标文件的实质性要求，并且经评审的投标报价最低。一般适用于技术、性能规格通用化、标准化，没有特殊性、技术管理以及其他综合要求的招标项目。经评审的最低投标价法中有一种合理低价法，他是以价格因素为主导，以最接近合理低价（评标基准价）的价格为最优的评标方法，适用于没有特殊性、单一要求，但价格过低会影响合同履行或工程质量的招标项目，更加适合土方剥离项目招标的评标。

相关依据

《评标委员会和评标方法暂行规定》

第二十九条　评标方法包括经评审的最低投标价法、综合评估法或者法律法规允许的其他评标方法。

第三十条　经评审的最低投标价法一般适用于具有通用技术、性能标准或者招标人对其技术、性能没有特殊要求的招标项目。

案例20　评标标准不具体

某施工监理项目公开招标，采用综合评估法评标。分值权重为：商务部分占65%，监理大纲占35%。招标文件的评标办法中商务部分评分标准如下。

表1　商务部分评分标准

序号	评标因素	标准分	评标标准	分值
1	企业信誉	5	优	5
			良	3
			一般	1
2	项目业绩	20	4个	20
			3个	16
			2个	12
3	人员配备	25	优	25
			良	20
			一般	15
4	服务承诺	5	优	5
			良	3
			一般	1
5	投标报价	10	评标基准价=有效投标报价的算数平均数 投标报价等于评标基准价,得10分, 每偏离评标基准价1个百分点扣0.5分,直至0分	10

风险辨识

本案的风险主要是招标文件规定的评标标准不具体,没有体现公开原则,不利于客观、公平、公正地评标。企业信誉、人员配备及服务承诺三个评标因素的评标标准只设置了“优”“良”“一般”三档,没有定义具体的标准,这样会使评标委员会缺乏评审的具体依据,拥有过大的自由裁量权,为人为操纵评标创造了条件。

风险防控

评标标准有客观标准和主观标准。客观标准是具体的、量化的,不同的人在同一标准下的评分是一致的。如本案中的“项目业绩”这一评标因素。主观标准是由评标委员会按照自己的主观判断进行评价的,不同的人对于同一个指标的评分可能出现不一致,甚至会出现少数评委意见主导最终评标结果或个别评委恶意评分的情况。所以招标人应当尽可能采用客观的评标标准,在评标办法中具体规定各评标因素的评标标准,使评标委员会有据可依,减少主观判断和自由裁量,避免人为操纵评标结果。

相关依据

《招标投标法》

第十九条　招标人应当根据招标项目的特点和需要编制招标文件。招标文件应当包括招标项目的技术要求、对投标人资格审查的标准、投标报价要求和评标标准等所有实质性要求和条件以及拟签订合同的主要条款。

国家对招标项目的技术、标准有规定的,招标人应当按照其规定在招标文件中提出相应要求。

招标项目需要划分标段、确定工期的,招标人应当合理划分标段、确定工期,并在招标文件中载明。

案例21　不公布分值和权重

某科研项目公开招标,采用综合评估法评标,招标文件的评标办法中只列出了评标因素及评标标准。评标时,招标人才向评标委员会公布商务、技术和报价三部分各自所占权重以及各评标因素的分值分布。

风险辨识

本案的风险主要是招标人未在招标文件中公布需量化的评标因素的权重及分值，不符合相关规定。招标文件只公布评标因素及评标标准，不公布评标因素的权重及分值，不符合《评标委员会和评标办法暂行规定》第三十五条的规定，也违反招标投标的公开性原则，不利于投标人有针对性地响应招标文件，也容易助长暗箱操作。

风险防控

招标项目的评审因素一般包括价格因素、商务因素和技术因素，各因素的分值权重由招标人在制作招标文件时自行决定；但不同的招标项目对报价的分值范围有一定的规定，如采用综合评估法的，货物项目的价格分值占总分值的比重（即权值）一般为 30%—60%；服务项目的价格分值占总分值的比重（即权值）一般为 10%—30%。招标人要避免随意设置分值权重，更不应通过设置不合理的分值权重来为特定投标人中标创造条件，这也是特别要求“需量化的因素及其权重应当在招标文件中明确规定”的重要原因。体现了招标的公开性。本案招标人应当修改招标文件的评标办法，公开商务、技术和报价各评标因素的分值比重，重新组织招标。

相关依据

《评标委员会和评标方法暂行规定》

第三十五条　根据综合评估法，最大限度地满足招标文件中规定的各项综合评价标准的投标，应当推荐为中标候选人。

衡量投标文件是否最大限度地满足招标文件中规定的各项评价

标准,可以采取折算为货币的方法、打分的方法或者其他方法。需量化的因素及其权重应当在招标文件中明确规定。

案例22　合同条款规定不当

某工程施工项目公开招标,招标文件的合同条款中规定,合同价款:投标价低于其评标价时,以投标价为签约合同价;投标价高于其评标价时,以评标价为签约合同价。

风险辨识

本案的风险主要是招标文件合同条款关于合同价款的规定不当,可能导致不按规定的方式订立合同,对投标人也不公平。根据《招标投标法实施条例》第五十七条的规定,"招标人和中标人应当依照招标投标法和本条例的规定签订书面合同,合同的标的、价款、质量、履行期限等主要条款应当与招标文件和中标人的投标文件的内容一致"。投标价是投标人在投标文件中明确写出的投标报价。评标价是评标委员会在投标报价的基础上将招标文件规定的量化因素进行量化核定及算数错误修正后得出的价格,用于对投标人的评审和比较。投标价有时与评标价相同,有时不同。本案招标文件的合同价款规定"投标价高于其评标价时,以评标价为签约合同价"会使合同的价款与投标文件的投标报价不一致,不符合规定。

风险防控

在招标投标活动中,招标人和投标人双方的地位是平等的。双方签订合同要遵循自愿、平等、公平、诚实信用和善良风俗的原则,在追求自身利益的同时不应损害他人利益和社会利益,要维护双方的利益平衡,以及自身利益与社会利益的平衡。只有平等互利才能促使交易实现,保证交易的安全和长久。本案招标人应该认清投标价、评标价和签约合同价的概念,及时修改招标文件的不当合同条款,使签约合同价必须与投标报价保持一致。

相关依据

《招标投标法》

第四十六条　招标人和中标人应当自中标通知书发出之日起三十日内,按照招标文件和中标人的投标文件订立书面合同。招标人和中标人不得再行订立背离合同实质性内容的其他协议。

《招标投标法实施条例》

第五十七条　招标人和中标人应当依照招标投标法和本条例的规定签订书面合同,合同的标的、价款、质量、履行期限等主要条款应当与招标文件和中标人的投标文件的内容一致。招标人和中标人不得再行订立背离合同实质性内容的其他协议。

招标人最迟应当在书面合同签订后五日内向中标人和未中标的投标人退还投标保证金及银行同期存款利息。

案例23　招标文件售卖时间不足

某货物采购项目公开招标,招标公告中载明:购买招标文件的时间为:2017年9月30日至2017年10月9日。

风险辨识

本案的风险主要是招标文件的实际发售期不足,违反诚实信用原则。虽然招标公告载明的投标人购买招标文件的时间有10日之多,但跨越“十一”假期,售卖单位放假,并未正常出售招标文件。招标文件的实际发售期只有两天,在事实上构成了限制或者排斥潜在投标人,并且也违背了招标投标活动应当遵循的诚实信用原则。

风险防控

规定招标文件的发售期是为了保证潜在投标人有足够的时间获得招标文件,吸引更多的潜在投标人参与投标,以保证招标投标的竞争效果。虽然法律法规规定的发售期不得少于五日是日历天,而非工作日,但招标人也不应故意利用节假日,特别是长假,通过缩短招标文件的发售期,限制或排斥潜在投标人。招标人在确定招标文件的发售期时,应当综合考虑节假日、文件发售地点的交通条件和潜在投标人的地域范围等,规定一个实际发售期不少于五日的合理期限。

相关依据

《招标投标法》

第五条　招标投标活动应当遵循公开、公平、公正和诚实信用的原则。

《招标投标法实施条例》

第十六条　招标人应当按照资格预审公告、招标公告或者投标邀请书规定的时间、地点发售资格预审文件或者招标文件。资格预审文件或者招标文件的发售期不得少于五日。

案例 24　编制投标文件时间不足

某依法必须进行招标的项目公开招标，招标公告载明的购买招标文件的时间为 2017 年 2 月 20 日至 2017 年 2 月 24 日，投标文件递交的截止时间（投标截止时间）及开标时间为 2017 年 3 月 9 日上午 9 点 30 分。

风险辨识

本案的风险主要是招标文件规定的供投标人编制投标文件的时间不足，违反法律规定。根据招标公告，招标文件开始发出的时间是 2017 年 2 月 20 日，投标截止时间是 2017 年 3 月 9 日，由于 2 月只有 28 日，潜在投标人编制投标文件的时间就只有十八日，不足二十日，违反《招标投标法》第二十四条的规定，“招标人应当确定投标人编制投标文件所需要的合理时间；但是，依法必须进行招标的项目，自招标文件开始发出之日起至投标人提交投标文件截止之日止，最短不得少于二十日”。

风险防控

招标人给投标人充足的时间编制投标文件有利于其提高文件质量，更好地响应招标文件的要求。招标人应当撤销招标公告，修改投标截止时间，保证自招标文件开始发出之日起至投标人提交投标文件截止之日止，最短不得少于二十日。

相关依据

《招标投标法》

第二十四条　招标人应当确定投标人编制投标文件所需要的合理时间;但是,依法必须进行招标的项目,自招标文件开始发出之日起至投标人提交投标文件截止之日止,最短不得少于二十日。

案例25　变相组织单独踏勘

某工程施工项目公开招标,招标人在招标文件中规定不组织现场踏勘,但是又接待了自愿前来踏勘的某潜在投标人,带其踏勘了项目现场。

风险辨识

本案的风险主要是招标人变相组织单独踏勘,违反法律法规和公平原则。招标人在招标文件中规定不组织现场踏勘,但又接待前来踏勘的某潜在投标人,带其踏勘现场,客观上使他对现场情况更加了解,更有利于其响应招标文件要求。违反《招标投标法实施条例》第二十八条的规定,“招标人不得组织单个或者部分潜在投标人踏勘项目现场”。单独踏勘不仅对未踏勘的投标人不公平,同时,招标人也可能利用选择接待或不接待特定潜在投标人而达到照顾或排斥特定投标人的目的,损害投标人的合法权益。

风险防控

规定招标人不得组织单个或者部分潜在投标人踏勘项目现场是

为了防止招标人向潜在投标人有差别地提供信息,造成投标人之间的不公平竞争。如果招标人根据招标项目的需要认为项目有必要组织现场踏勘则应明确规定,统一组织,并采取相应的保密措施,防止潜在投标人暴露身份影响投标竞争或者相互沟通信息串通投标。如果在招标文件中明确规定不组织现场踏勘就不应该再接待任何潜在投标人的来访。

相关依据

《招标投标法实施条例》

第二十八条　招标人不得组织单个或者部分潜在投标人踏勘项目现场。

《工程建设项目施工招标投标办法》

第三十二条　招标人根据招标项目的具体情况,可以组织潜在投标人踏勘项目现场,向其介绍工程场地和相关环境的有关情况。潜在投标人依据招标人介绍情况作出的判断和决策,由投标人自行负责。

招标人不得单独或者分别组织任何一个投标人进行现场踏勘。

案例26　招标文件澄清时间不当

某工程施工项目公开招标,2017年3月1日开始发布招标公告并发售招标文件,文件中规定的投标截止时间为2017年3月22日,2017年3月17日招标人内部审批通过了该项目的最高投标限价,便让招标代理公司以澄清的方式发给了所有购买招标文件的潜在投标人。

风险辨识

本案的风险主要是招标人对招标文件的澄清时间不当,违反法律法规。招标人对最高投标限价作出新的规定,对投标人的报价有很大影响,必然会影响投标文件的编制。招标代理给潜在投标人发送澄清的时间是 2017 年 3 月 17 日,而投标截止时间是 2017 年 3 月 22 日,明显不足十五日,违反了《招标投标法》第二十三条和《招标投标法实施条例》第二十一条的规定,招标人对已发出的招标文件进行必要的澄清或者修改的,澄清或者修改的内容可能影响资格预审申请文件或者投标文件编制的,应当在招标文件要求提交投标文件截止时间至少十五日前,以书面形式通知所有招标文件的收受人。不足十五日的,招标人应当顺延提交投标文件的截止时间。

风险防控

在招投标活动中,对招标文件的澄清和修改是正常的,招标人自己发现文件存在遗漏、错误、矛盾、歧义、违法违规内容时,可以通过修改和澄清方式进行补救。同时,潜在投标人提出的疑问和异议,也有助于招标人及时纠正错误,完善文件,提高采购质量。但如果澄清或修改的内容将给潜在投标人带来额外工作,必须给他们足够的时间完善投标文件。本案,招标人应该推迟投标截止时间至少到 2017 年 4 月 1 日,以确保潜在投标人有足够的时间根据澄清和修改内容调整投标文件。

相关依据

《招标投标法》

第二十三条　招标人对已发出的招标文件进行必要的澄清或者

修改的，应当在招标文件要求提交投标文件截止时间至少十五日前，以书面形式通知所有招标文件收受人。该澄清或者修改的内容为招标文件的组成部分。

《招标投标法实施条例》

第二十一条　招标人可以对已发出的资格预审文件或者招标文件进行必要的澄清或者修改。澄清或者修改的内容可能影响资格预审申请文件或者投标文件编制的，招标人应当在提交资格预审申请文件截止时间至少三日前，或者投标截止时间至少十五日前，以书面形式通知所有获取资格预审文件或者招标文件的潜在投标人；不足三日或者十五日的，招标人应当顺延提交资格预审申请文件或者投标文件的截止时间。

案例27　滥用标底

某工程施工项目公开招标，招标人为控制项目成本设有标底，并在招标文件中规定，投标报价超过标底的20%的投标单位将被否决投标。

风险辨识

本案的风险主要是招标人滥用标底，违反相关规定。招标人在招标文件中明确规定“投标报价超过标底的20%的投标单位将被否决投标”，属于“以投标报价超过标底上下浮动范围作为否决投标的条件”，违反《招标投标法实施条例》第五十条，“不得以投标报价是否接近标底作为中标条件，也不得以投标报价超过标底上下浮动范围作为否决投标的条件”的规定。

风险防控

招标人为控制成本设置标底无可厚非，本着对招标人负责的原则，按照法律规定标底在评标中应当作为参考，只是不得作为评标的唯一依据，因此可将与标底一致的程度作为一个评分因素；但不是决定性因素，同时还要做好标底的保密工作，预防泄露，引发不公平的风险。本案招标人应当修改招标文件，取消"以投标报价超过标底上下浮动范围作为否决投标的条件"的规定。

相关依据

《招标投标法实施条例》

第二十七条　招标人可以自行决定是否编制标底。一个招标项目只能有一个标底。标底必须保密。

接受委托编制标底的中介机构不得参加受托编制标底项目的投标，也不得为该项目的投标人编制投标文件或者提供咨询。

招标人设有最高投标限价的，应当在招标文件中明确最高投标限价或者最高投标限价的计算方法。招标人不得规定最低投标限价。

第五十条　招标项目设有标底的，招标人应当在开标时公布。标底只能作为评标的参考，不得以投标报价是否接近标底作为中标条件，也不得以投标报价超过标底上下浮动范围作为否决投标的条件。

案例28　规定最低投标限价

某工程施工项目公开招标，概算金额为6000万元，招标人为防止投标人低价竞标,降低工程质量,在招标文件中明确规定投标报价低于 5500 万元就视为低于成本价投标,将被否决投标。

风险辨识

本案的风险主要是招标文件规定最低投标限价,违反相关规定。招标人“在招标文件中明确规定投标报价低于 5500 万就视为低于成本价投标,将被否决投标”,违反《招投标实施条例》第二十七条“招标人不得规定最低投标限价”的规定。

风险防控

由于投标人的竞争能力和完成招标项目的个别成本具有很大差异,为保证充分竞争、促进技术进步、节省采购成本,招标人不应设置最低投标限价。本案招标人应该修改招标文件,取消该条规定。同时,如果在评标时发现投标单位报价明显低于其他单位,怀疑其低于成本价竞标,可以要求其提供相关说明材料,进行澄清。

相关依据

《招标投标法实施条例》

第二十七条　招标人可以自行决定是否编制标底。一个招标项目只能有一个标底。标底必须保密。

接受委托编制标底的中介机构不得参加受托编制标底项目的投标,也不得为该项目的投标人编制投标文件或者提供咨询。

招标人设有最高投标限价的,应当在招标文件中明确最高投标限价或者最高投标限价的计算方法。招标人不得规定最低投标限价。

案例29　透露潜在投标人信息

某工程施工项目公开招标，共有4家单位投标。开标结束后某投标人向评标委员会递交了3份书面投诉书，分别详细反映了另外3家投标单位在资格、技术等方面不满足招标文件要求的问题，经评标委员会核实，基本都属实。

风险辨识

本案的风险主要是招标人或招标代理机构向他人透露已获取招标文件的潜在投标人的信息，违反法律规定。根据《招标投标法》第二十二条、第五十条和第五十二条的规定，招标人和招标代理机构都不得向他人透露已获取招标文件的潜在投标人的名称、数量或者可能影响公平竞争的有关招标投标的其他情况。参加公开招标的投标人不是特定的，本案某投标人能够在一开标就提出针对另外3个投标人的详细的书面投诉书，说明其早有准备，可见其早已得知购买招标文件的其他潜在投标人的信息。而这些信息只有招标人或招标代理机构的相关人员掌握，如果不是被他们泄露，单个投标人是不可能了解详细信息的。

风险防控

向外透露潜在投标人的信息是内外串通投标的信号，相关监管机构应该进一步调查此事，找出泄露信息的人员，追究其法律责任，并在一定范围内通报，使相关工作人员提高法律意识，不得渎职枉法。同时，招标人及招标代理机构要加强内部管理，增强保密意识，要求相关工作人员严守保密规定，对故意泄密的给予相应的惩处，防微杜渐，避免内外勾结。

相关依据

《招标投标法》

第二十二条　招标人不得向他人透露已获取招标文件的潜在投标人的名称、数量以及可能影响公平竞争的有关招标投标的其他情况。

招标人设有标底的，标底必须保密。

第五十条　招标代理机构违反本法规定，泄露应当保密的与招标投标活动有关的情况和资料的，或者与招标人、投标人串通损害国家利益、社会公共利益或者他人合法权益的，处五万元以上二十五万元以下的罚款，对单位直接负责的主管人员和其他直接责任人员处单位罚款数额百分之五以上百分之十以下的罚款；有违法所得的，并处没收违法所得；情节严重的，禁止其一年至二年内代理依法必须进行招标的项目并予以公告，直至由工商行政管理机关吊销营业执照；构成犯罪的，依法追究刑事责任。给他人造成损失的，依法承担赔偿责任。

前款所列行为影响中标结果的，中标无效。

第五十二条　依法必须进行招标的项目的招标人向他人透露已获取招标文件的潜在投标人的名称、数量或者可能影响公平竞争的有关招标投标的其他情况的，或者泄露标底的，给予警告，可以并处一万元以上十万元以下的罚款；对单位直接负责的主管人员和其他直接责任人员依法给予处分；构成犯罪的，依法追究刑事责任。

前款所列行为影响中标结果的，中标无效。

案例30　随意终止招标

某工程施工项目公开招标,2017年3月6日发布了招标公告,规定2017年3月6日到3月10日发售招标文件,投标截止时间为2017年3月28日。截至2017年3月24日,招标人了解到购买招标文件的只有3家单位,均为不知名的小企业,为保证工程质量,便发布公告终止招标,准备联系几家知名企业,重新招标。

风险辨识

本案的风险主要是招标人无正当理由随意终止招标,违反相关法规和诚实信用原则。《工程建设项目施工招标投标办法》第十五条规定,"除不可抗力原因外,招标人在发布招标公告、发出投标邀请书后或者售出招标文件或资格预审文件后不得终止招标"。

风险防控

招标人既然已经启动了招标程序,就必须按照法律法规的要求行事,没有正当、合理的理由不得再随意终止招标。否则违反诚实信用原则也难以保障招投标活动的公正公平。招标人随时可以根据投标人的情况,通过决定是否终止招标来实现非法目的,为明招暗定、虚假招标、排斥潜在投标人提供了便利。同时也会挫伤潜在投标人参与投标的积极性,最终削弱招标的竞争性。为避免此类情况发生,招标人应先做好市场调研和招标策划再启动招标程序。

相关依据

《工程建设项目施工招标投标办法》

第十五条　招标人应当按招标公告或者投标邀请书规定的时间、地点出售招标文件或资格预审文件。自招标文件或者资格预审文件出售之日起至停止出售之日止,最短不得少于五日。

招标人可以通过信息网络或者其他媒介发布招标文件,通过信息网络或者其他媒介发布的招标文件与书面招标文件具有同等法律效力,出现不一致时以书面招标文件为准,国家另有规定的除外。

对招标文件或者资格预审文件的收费应当限于补偿印刷、邮寄的成本支出,不得以营利为目的。对于所附的设计文件,招标人可以向投标人酌收押金;对于开标后投标人退还设计文件的,招标人应当向投标人退还押金。

招标文件或者资格预审文件售出后,不予退还。除不可抗力原因外,招标人在发布招标公告、发出投标邀请书后或者售出招标文件或资格预审文件后不得终止招标。

二、投标风险防控案例

案例31　招标人的关联单位投标

某餐饮服务项目公开招标,与招标人属同一集团公司,且由招标人实际管理的一家公司也前来投标。

风险辨识

本案的风险主要是与招标人存在利害关系的单位投标，可能因影响招标的公正性而导致投标无效。根据《招标投标法实施条例》第三十四条“与招标人存在利害关系可能影响招标公正性的法人、其他组织或者个人，不得参加投标”规定，虽对“利害关系”没有做具体界定，但随后列明了投标人之间不得存在的三种关系即“单位负责人为同一人或者存在控股关系、管理关系”，可以视为对“利害关系”的列举。本案中的某投标人与招标人存在管理与被管理的关系，属于与招标人存在利害关系的法人。招标人接受其投标可能引起其他投标人的猜忌、不满或投诉。如果在招标的过程中因为这种“利害关系”而影响了公正性，还会导致投标无效，影响采购效率和企业声誉。

风险防控

招标人接受与自己存在“利害关系”的单位的投标，必须确保招标投标活动依法进行、程序规范，使该“利害关系”不影响招标的公平性和公正性。在现实中很难做到，即使真正做到，只要“利害关系”单位中标，都会引起其他中标人的质疑、投诉，为避免纠纷招标人还是不接受这类投标为好。

相关依据

《招标投标法实施条例》

第三十四条　与招标人存在利害关系可能影响招标公正性的法人、其他组织或者个人，不得参加投标。

单位负责人为同一人或者存在控股、管理关系的不同单位,不得参加同一标段投标或者未划分标段的同一招标项目投标。

违反前两款规定的,相关投标均无效。

案例 32 母公司与子公司同时投标

某工程建设项目货物采购公开招标,共有 10 家单位投标。评标时,评标委员会发现某商贸集团与其下属的某公司均递交了投标文件。

风险辨识

本案的风险主要是投标人违规投标,投标无效。某集团与其下属公司均递交投标文件,属于母公司与其全资子公司在同一货物招标中同时投标,违反《工程建设项目货物招标投标办法》第三十二条的规定,"法定代表人为同一个人的两个及两个以上法人,母公司、全资子公司及其控股公司,都不得在同一货物招标中同时投标"。

风险防控

评标委员会应当根据相关依据,判定这两家单位的投标均无效。

相关依据

《工程建设项目货物招标投标办法》

第三十二条 投标人是响应招标、参加投标竞争的法人或者其他组织。

法定代表人为同一个人的两个及两个以上法人,母公司、全资子公司及其控股公司,都不得在同一货物招标中同时投标。

一个制造商对同一品牌同一型号的货物,仅能委托一个代理商参加投标,否则应作废标处理。

案例33　授权多个代理商投标

某工程建设项目的机电类产品公开招标,共有15家单位递交了投标文件。评标时,评标委员会发现其中5家投标单位的授权是由同一制造商开具的。

风险辨识

本案的风险主要是制造商违规授权多个代理商投标。5家投标单位的授权由同一制造商开具。说明该制造商对同一品牌同一型号的货物,委托了多个代理商参加投标。违反了《工程建设项目货物招标投标办法》第三十二条"一个制造商对同一品牌同一型号的货物,仅能委托一个代理商参加投标"的规定。

风险防控

评标委员会应判定这5家单位的投标违反规定,应否决其投标。

相关依据

《工程建设项目货物招标投标办法》

第三十二条　投标人是响应招标、参加投标竞争的法人或者其他组织。

法定代表人为同一个人的两个及两个以上法人,母公司、全资子公司及其控股公司,都不得在同一货物招标中同时投标。

一个制造商对同一品牌同一型号的货物,仅能委托一个代理商参加投标,否则应作废标处理。

案例 34　非法变更联合体

某大型工程建设项目施工公开招标,允许联合体投标,共有 6 个联合体投标人递交了投标文件。其中 5 个投标人通过了资格预审。后经评审最终推荐联合体 A 为第一中标候选人,招标人也确定其为中标人,但在公示期间接到投诉,反映联合体 A 中的 B 单位在资格预审后退出了该联合体。

风险辨识

本案的风险主要是可能存在中标候选人违规变更联合体成员,投标无效的情形。《招标投标法实施条例》第三十七条规定“资格预审后联合体增减、更换成员的,其投标无效”。如果投诉属实,联合体投标人 A 属于在资格预审后联合体减少成员的情形,投标无效。联合体成员减少,其资质可能发生变化而不符合招标文件的要求,再将其作为中标人,可能损害招标人的合法权益,对其他投标人也不公平。

风险防控

招标人应当立即进行调查,核实联合体 A 的构成及变化,确定投诉是否属实。如果属实应依法判定其投标无效,需要重新组织评标。

相关依据

《招标投标法实施条例》

第三十七条　招标人应当在资格预审公告、招标公告或者投标邀请书中载明是否接受联合体投标。

招标人接受联合体投标并进行资格预审的，联合体应当在提交资格预审申请文件前组成。资格预审后联合体增减、更换成员的，其投标无效。

联合体各方在同一招标项目中以自己名义单独投标或者参加其他联合体投标的，相关投标均无效。

案例 35　为两个潜在投标人购买招标文件

某货物采购项目公开招标，自然人 A 向招标代理公司提供了 B 潜在投标人的授权委托书，帮助其购买了招标文件。几天后，A 又出具了 C 潜在投标人的授权委托书，要求为 C 购买同一项目的招标文件。

风险辨识

本案的风险主要是不同潜在投标人委托同一自然人向同一招标人购买同一项目的招标文件，潜在投标人之间可能串通投标。《招标投标法实施条件》第四十条第二款规定，不同投标人委托同一单位或者个人办理投标事宜，视为投标人相互串通投标。购买招标文件当然属于法规中所指的“投标事宜”。两家潜在投标人先后委托同一人办理投标事宜中的购买招标文件，大有串通投标的嫌疑。

风险防控

招标人或招标代理机构的工作人员应拒绝向企图代表两家潜在投标人购买招标文件的同一人出售招标文件，否则可能使串通一气的投标人达成非法目的，损害招标人的合法利益，也会招致其他投标人的质疑或投诉。

相关依据

《招标投标法实施条例》

第四十条　有下列情形之一的，视为投标人相互串通投标：

（一）不同投标人的投标文件由同一单位或者个人编制；

（二）不同投标人委托同一单位或者个人办理投标事宜；

（三）不同投标人的投标文件载明的项目管理成员为同一人；

（四）不同投标人的投标文件异常一致或者投标报价呈规律性差异；

（五）不同投标人的投标文件相互混装；

（六）不同投标人的投标保证金从同一单位或者个人的账户转出。

案例36　串通报价

某货物采购项目公开招标，有3家单位递交了投标文件，开标后发现3家单位的投标报价分别为2381.4万元、2382.4万元和2383.4万元。

风险辨识

本案的风险主要是投标人的投标报价呈规律性差异,投标人可能相互串通投标。3家投标单位的投标报价一家比一家少1万元,为等差数列,存在规律性差异,根据《招标投标法实施条例》第四十条第(四)款规定,有串通投标,损害招标人合法权益的风险。

风险防控

由评标委员会应根据法律法规和招标文件的规定对3家单位是否串通投标作出结论。如果认定它们串通投标则投标无效,并可按照相关依据对其进行惩处。

相关依据

《招标投标法实施条例》

第四十条　有下列情形之一的,视为投标人相互串通投标:

(一)不同投标人的投标文件由同一单位或者个人编制;

(二)不同投标人委托同一单位或者个人办理投标事宜;

(三)不同投标人的投标文件载明的项目管理成员为同一人;

(四)不同投标人的投标文件异常一致或者投标报价呈规律性差异;

(五)不同投标人的投标文件相互混装;

(六)不同投标人的投标保证金从同一单位或者个人的账户转出。

第六十七条　投标人相互串通投标或者与招标人串通投标的,投标人向招标人或者评标委员会成员行贿谋取中标的,中标无效;构成犯罪的,依法追究刑事责任;尚不构成犯罪的,依照招标投标法第五十三条的规定处罚。投标人未中标的,对单位的罚款金额按照招标项目合同金额依照招标投标法规定的比例计算。

投标人有下列行为之一的,属于招标投标法第五十三条规定的情节严重行为,由有关行政监督部门取消其一年至二年内参加依法必须进行招标的项目的投标资格:

(一)以行贿谋取中标;

(二)三年内二次以上串通投标;

(三)串通投标行为损害招标人、其他投标人或者国家、集体、公民的合法利益,造成直接经济损失三十万元以上;

(四)其他串通投标情节严重的行为。

投标人自本条第二款规定的处罚执行期限届满之日起三年内又有该款所列违法行为之一的,或者串通投标、以行贿谋取中标情节特别严重的,由工商行政管理机关吊销营业执照。

法律、行政法规对串通投标报价行为的处罚另有规定的,从其规定。

案例37 借资质投标

某工程建设施工项目公开招标,开标前,招标人发现,有两批人前来要求递交投标文件。他们表示互不认识,但却均持有某单位的授权委托书。

风险辨识

本案的风险主要是投标人可能以他人名义投标,违反相关规定,损害招标人合法权益。持有同一单位授权委托书的两批互不相识的人均要求递交投标文件,很可能属于《工程建设项目施工招标投标办法》第四十八条规定的以"由其他单位及其法定代表人在自己编制的投标文件上加盖印章和签字"的方式,以他人名义投标。

风险防控

招标投标相关法律法规明确规定"投标人不得以他人名义投标"并根据实际情况列举了以他人名义投标的 3 种典型情况:一是投标人挂靠其他施工单位,二是投标人通过受让或租借的方式从其他单位获取资格或资质证书,三是让其他单位及其法定代表人在自己编制的投标文件上加盖印章和签字。本案招标代理可以先接收两份投标文件,并公开唱标。由评标委员会判断是否属于《工程建设项目施工招标投标办法》第五十条规定的"同一投标人提交两个以上不同的投标文件或者投标报价"的情形,如果属于该情形便可否决其投标。

相关依据

《工程建设项目施工招标投标办法》

第四十八条　投标人不得以他人名义投标。

前款所称以他人名义投标,指投标人挂靠其他施工单位,或从其他单位通过受让或租借的方式获取资格或资质证书,或者由其他单位及其法定代表人在自己编制的投标文件上加盖印章和签字等行为。

第五十条　投标文件有下列情形之一的,招标人应当拒收:

(一)逾期送达;

（二）未按招标文件要求密封。

有下列情形之一的，评标委员会应当否决其投标：

（一）投标文件未经投标单位盖章和单位负责人签字；

（二）投标联合体没有提交共同投标协议；

（三）投标人不符合国家或者招标文件规定的资格条件；

（四）同一投标人提交两个以上不同的投标文件或者投标报价，但招标文件要求提交备选投标的除外；

（五）投标报价低于成本或者高于招标文件设定的最高投标限价；

（六）投标文件没有对招标文件的实质性要求和条件作出响应；

（七）投标人有串通投标、弄虚作假、行贿等违法行为。

案例38　资质混用

某工程建设施工项目公开招标，评标委员会对资格预审申请文件进行初步审查时，发现有一家申请人使用的施工资质为其母公司的资质。

风险辨识

本案的风险主要是母公司与子公司之间互借资质，不具有投标资质的子公司企图以母公司的资质蒙混过关。事实上构成以他人名义投标，违法违规。母公司与子公司虽然在事实上是控股关系，但是在法律上是两个独立的民事主体，是依法独立承担民事责任的企业法人。《招标投标法》明确禁止公司之间相互租借资质，并不区分母子公司，母子公司不能借用一方资质或业绩证明进行投标。招标文件明确规定投标人这个独立的企业法人必须具有独立完成所投项目的资质和能力。该子公司租借了母公司的资质投标,说明其本身不具有独立承担项目施工的资质,不符合招标文件的资格要求。

风险防控

在建设工程中,一级企业中标、二级企业进场、三级企业施工的现象仍是较普遍的"潜规则",其实现过程往往伴随着违法违规出借出卖资质和混用、滥用资质,应当严查禁止,从源头上治理。本案评标委员会应该判定使用其母公司资质投标的该单位不具有投标资质不能通过资格审查,否决其投标资格。

相关依据

《招标投标法》

第三十三条　投标人不得以低于成本的报价竞标,也不得以他人名义投标或者以其他方式弄虚作假,骗取中标。

《招标投标法实施条例》

第四十二条　使用通过受让或者租借等方式获取的资格、资质证书投标的,属于招标投标法第三十三条规定的以他人名义投标。

投标人有下列情形之一的,属于招标投标法第三十三条规定的以其他方式弄虚作假的行为:

(一)使用伪造、变造的许可证件;

(二)提供虚假的财务状况或者业绩;

(三)提供虚假的项目负责人或者主要技术人员简历、劳动关系证明;

（四）提供虚假的信用状况；

（五）其他弄虚作假的行为。

案例 39　业绩证明不符

某设备采购项目公开招标，招标文件资格要求投标人须具有 2 台设备成功运行的业绩。评标委员会向招标人推荐中标候选人后，业主单位对第一中标候选人提供的设备使用单位进行核实，证明截至投标，该投标人提供的设备只有 1 台已经成功运行，与其投标文件中由设备采购安装总包单位开具的业绩证明所述 2 台设备均已成功运行不符。

风险辨识

本案的风险主要是第一中标候选人的投标文件中提供的业绩证明可能与事实不符，有弄虚作假、骗取中标的可能性。投标文件中由设备采购安装总包单位开具的业绩证明与设备使用单位反映的实际情况不符，有弄虚作假的嫌疑。依据前者进行评标，可能导致评审错误，将事实上不符合招标文件资格要求的投标人推荐为中标候选人。

风险防控

在招标投标实践中，招标人往往通过详细规定招标文件资格要求中的业绩条件来限制不满足条件的潜在投标人，使有经验、规模大、口啤好的投标人进入详细评审。因此投标人之间的竞争在很大程度上转变为业绩的竞争，这就促使一些不讲诚信的投标人铤而走险，通过造假把自己包装成符合业绩条件的投标人，而对于评标委员会和招标人来说,短时间内一一核实投标人的业绩存在诸多困难,于是就给了造假者可乘之机。要从根本上解决该问题,就要加强失信惩戒机制的建设,目前国家二十四部委联合印发了《关于对公共资源交易领域严重失信主体开展联合惩戒的备忘录》,明确了对于严重失信的招标投标参与主体的联合惩戒措施和惩戒实施方式,必将有效减少失信行为。本案应由原评标委员会根据证明内容和事实情况重新进行评审,认定投标人的业绩是否符合资格条件。由原评标委员会根据证明内容和事实情况重新进行评审,从而确认投标人的业绩是否符合资格条件。

相关依据

《评标委员会和评标方法暂行规定》

第二十条　在评标过程中,评标委员会发现投标人以他人的名义投标、串通投标、以行贿手段谋取中标或者以其他弄虚作假方式投标的,应当否决该投标人的投标。

第二十三条　评标委员会应当审查每一投标文件是否对招标文件提出的所有实质性要求和条件作出响应。未能在实质上响应的投标,应当予以否决。

案例40　行贿骗标

某货物采购项目公开招标,采用经评审的最低投标价法评标。评标期间,现场监督人员收到自称为某投标人发来的短信,写道:"请将最低价废标,事后必有重谢。"监督人员经查发现5名评标专家也收到了内容相同的短信。

风险辨识

本案的风险主要是投标相关主体企图通过行贿谋取中标，违反相关法规。《招标投标法实施条例》第六十七条规定，“投标人向招标人或者评标委员会成员行贿谋取中标的，中标无效；构成犯罪的，依法追究刑事责任；尚不构成犯罪的，依照招标投标法第五十三条的规定处罚”。如果接到短信的相关主体按其要求行事，有串通投标、违反法律法规和公平公正原则的风险。

风险防控

现场监督人员应该要求评标委员会依法公正评标，不得接受任何人明示或暗示的倾向。招标人应当采取必要措施，组织好封闭评标，避免非法干预评标。相关部门应调查发送短信企图行贿骗标的单位以及评标委员会名单及电话号码泄露的原因。

相关依据

《招标投标法实施条例》

第六十七条　投标人相互串通投标或者与招标人串通投标的，投标人向招标人或者评标委员会成员行贿谋取中标的，中标无效；构成犯罪的，依法追究刑事责任；尚不构成犯罪的，依照招标投标法第五十三条的规定处罚。投标人未中标的，对单位的罚款金额按照招标项目合同金额依照招标投标法规定的比例计算。

投标人有下列行为之一的，属于招标投标法第五十三条规定的情节严重行为，由有关行政监督部门取消其一年至二年内参加依法必须进行招标的项目的投标资格：

（一）以行贿谋取中标；

（二）三年内二次以上串通投标；

（三）串通投标行为损害招标人、其他投标人或者国家、集体、公民的合法利益，造成直接经济损失三十万元以上；

（四）其他串通投标情节严重的行为。

投标人自本条第二款规定的处罚执行期限届满之日起三年内又有该款所列违法行为之一的，或者串通投标、以行贿谋取中标情节特别严重的，由工商行政管理机关吊销营业执照。

法律、行政法规对串通投标报价行为的处罚另有规定的，从其规定。

三、组建评标委员会风险防控案例

案例41　评标专家的抽取时间不当

某工程建设施工项目公开招标，招标人委托招标代理机构抽取评标专家。招标代理于2017年9月30日上午抽取评标专家，10月9日上午开标，开标后直接评标。

风险辨识

本案的风险主要是招标代理抽取评标专家的时间不当，容易导致评标委员会名单信息的泄露。根据相关规定，评审专家的抽取时间原则上应当在开标前半天或前一天进行，特殊情况不得超过两天。而本案的招标代理机构在开标前9天就抽取了评标专家，使评标委员会名单过早形成，且跨越一个“十一”长假，大大增加了评标委员会名单的泄露的风险。

风险防控

招标人及招标代理应该参照《进一步规范机电产品国际招标投标活动有关规定》第二十一条规定，“抽取评标所需的评审专家的时间不得早于开标时间四十八小时，如抽取外省专家的，不得早于开标时间七十二小时，遇节假日向前顺延”。以及《政府采购评审专家管理办法》第二十二条规定，“评审专家的抽取时间原则上应当在开标前半天或前一天进行，特殊情况不得超过两天”。招标人或招标代理机构应合理安排开标时间，避免将抽取专家时间和开标时间安排在长假前后，使二者间隔太长时间。

相关依据

《评标委员会和评标方法暂行规定》

第八条　评标委员会由招标人负责组建。

评标委员会成员名单一般应于开标前确定。评标委员会成员名单在中标结果确定前应当保密。

案例42　不随机抽取评标专家

某依法必须进行招标的项目公开招标，招标人委托招标代理机构抽取专家。抽取人不按照评标专家抽取系统随机产生的专家名单，一一进行电话通知，而是以专业不强、经验不足等为由，故意不通知部分专家。而选择通知那些在招标人事先提供的小名单上的评标专家。

风险辨识

本案主要存在两大风险，一是招标代理的评标专家抽取人有选择性的通知评标专家，没有真正落实随机抽取，违反了《招标投标实施条例》第四十六条关于“依法必须进行招标的项目，其评标委员会的专家成员应当从评标专家库内相关专业的专家名单中以随机抽取方式确定。”的规定。二是招标人在抽取评标专家前给抽取人提供专家小名单，明显有暗示其抽取名单上专家的意图，属于变相指定评标委员会专家，违反了《招标投标实施条例》第四十六条关于“任何单位和个人不得以明示、暗示等任何方式指定或者变相指定参加评标委员会的专家成员。”的规定。

风险防控

现场招标监督主体应及时纠正此类违规行为，要求专家抽取人依法随机抽取专家。招标代理公司应尽快实现评标专家的自动抽取和自动语音通知，避免人为因素干扰。同时招标代理机构应当加强对专家库的管理，设置好准入门槛，定期检查更新专家库，确保库中的专家具有相应的资质和水平。

相关依据

《招标投标法实施条例》

第四十六条　除招标投标法第三十七条第三款规定的特殊招标项目外，依法必须进行招标的项目，其评标委员会的专家成员应当从评标专家库内相关专业的专家名单中以随机抽取方式确定。任何单位和个人不得以明示、暗示等任何方式指定或者变相指定参加评标委员会的专家成员。

依法必须进行招标的项目的招标人非因招标投标法和本条例规定的事由，不得更换依法确定的评标委员会成员。更换评标委员会的专家成员应当依照前款规定进行。

评标委员会成员与投标人有利害关系的，应当主动回避。

有关行政监督部门应当按照规定的职责分工，对评标委员会成员的确定方式、评标专家的抽取和评标活动进行监督。行政监督部门的工作人员不得担任本部门负责监督项目的评标委员会成员。

案例 43　评标专家资格不够

某依法必须进行招标的项目公开招标，招标人委托招标代理机构抽取评标专家。抽取人随机抽取了 5 名外部评标专家。学历信息显示，其中有一名专家于 2009 年全日制硕士研究生毕业，此前一直在校学习。而评标时间是 2015 年 6 月。

风险辨识

本案的风险主要是被抽取的某评标委员会专家不符合法律规定的专家资格要求。根据《招标投标法》第三十七条规定，“专家应当从事相关领域工作满八年并具有高级职称或者具有同等专业水平。”本案中的某评标专家在 2009 年硕士研究生毕业前一直在校学习，到 2015 评标时工作最多满 6 年，不可能满足“从事相关领域工作满八年”的要求。

风险防控

在评标实践中,评标委员会专家责权利不对等的情况非常突出。一方面,评标专家拥有推荐中标候选人、甚至定标的巨大权力,另一方面,专家不专、专家不作为、追究专家责任难的情况又普遍存在。为避免上述问题,负责依法组建评标委员会的招标人更应把好选人关。但一般招标人均是委托招标代理机构通过随机抽取的方式从专家库中选择评标专家。这就要求招标代理机构加强对专家库的管理,严把专家准入关,避免不符合要求的专家入库;建立专家评标过程监督机制和专家评标评价机制,限制专家的自由裁量权和不当行为;依法严格执行对评标专家的考核及处罚制度,及时清除不符合规定的专家,让专家库优胜劣汰,不断完善,从源头上治理专家不专的问题。

相关依据

《招标投标法》

第三十七条　评标由招标人依法组建的评标委员会负责。

依法必须进行招标的项目,其评标委员会由招标人的代表和有关技术、经济等方面的专家组成,成员人数为五人以上单数,其中技术、经济等方面的专家不得少于成员总数的三分之二。

前款专家应当从事相关领域工作满八年并具有高级职称或者具有同等专业水平,由招标人从国务院有关部门或者省、自治区、直辖市人民政府有关部门提供的专家名册或者招标代理机构的专家库内的相关专业的专家名单中确定;一般招标项目可以采取随机抽取方式,特殊招标项目可以由招标人直接确定。

与投标人有利害关系的人不得进入相关项目的评标委员会;已

经进入的应当更换。

评标委员会成员的名单在中标结果确定前应当保密。

案例 44　评标委员会构成比例不当

某施工监理项目公开招标,评标委员会由 1 名招标人代表、1 名招标代理机构代表和 3 名随机抽取的专家组成。

风险辨识

根据《评标委员会和评标方法暂行规定》第九条,“评标委员会由招标人或其委托的招标代理机构熟悉相关业务的代表,以及有关技术、经济等方面的专家组成,成员人数为五人以上单数。其中技术、经济等方面的专家不得少于成员人数的三分之二”。本案的风险主要是评标委员会的构成比例不符合规定。不符合本案评标委员会一共由 5 人组成,其中招标人或者招标代理机构以外的技术、经济等方面的专家为 3 人,少于成员总人数的三分之二。

风险防控

招标人应按照规定重新组建评标委员会。如果评标委员会仍由 5 人组成,那么招标人或者招标代理机构以外的技术、经济等方面的专家至少需要 4 名。

相关依据

《工程建设项目勘察设计招标投标办法》

第三十二条　评标工作由评标委员会负责。评标委员会的组成方式及要求，按《中华人民共和国招标投标法》及《评标委员会和评标方法暂行规定》（国家计委等七部委联合令第12号）的有关规定执行。

《评标委员会和评标方法暂行规定》

第九条　评标委员会由招标人或其委托的招标代理机构熟悉相关业务的代表，以及有关技术、经济等方面的专家组成，成员人数为五人以上单数。其中技术、经济等方面的专家不得少于成员人数的三分之二。

评标委员会设负责人的，评标委员会负责人由评标委员会成员推举产生或者由招标人确定。评标委员会负责人与评标委员会的其他成员有同等的表决权。

案例45　不主动回避

某土方剥离项目公开招标，中标候选人公示后，接到投诉，反映有串通投标的问题。经调查，发现评标委员会主任（业主单位派出的评标专家）的弟弟是被推荐中标人单位的主要领导之一。

风险辨识

本案有两大风险，一是招标人选择与投标人有利害关系的人进入评标委员会，违反《招标投标法》第三十七条“与投标人有利害关系的人不得进入相关项目的评标委员会；已经进入的应当更换”的规定。评标委员会的主任是某投标人主要负责人的近亲属，按规定不应担任评委。二是该评标委员会成员有主动回避的义务却不回避，违反《招标投标法实施条例》第四十六条“评标委员会成员与投标人有利害关系的,应当主动回避”的规定。

风险防控

招标人或招标代理机构应认真执行回避制度,依法组建评标委员会。本项目的评标委员会组成不合法,应当重新组建评标委员会进行评标。同时相关主体应按照《招标投标法实施条例》第七十一条“评标委员会成员有下列行为之一的,由有关行政监督部门责令改正;情节严重的,禁止其在一定期限内参加依法必须进行招标的项目的评标;情节特别严重的,取消其担任评标委员会成员的资格:(一)应当回避而不回避……”,对招标人和该评标专家进行处理。

相关依据

《招标投标法》

第三十七条　评标由招标人依法组建的评标委员会负责。

依法必须进行招标的项目,其评标委员会由招标人的代表和有关技术、经济等方面的专家组成,成员人数为五人以上单数,其中技术、经济等方面的专家不得少于成员总数的三分之二。

前款专家应当从事相关领域工作满八年并具有高级职称或者具有同等专业水平,由招标人从国务院有关部门或者省、自治区、直辖市人民政府有关部门提供的专家名册或者招标代理机构的专家库内的相关专业的专家名单中确定;一般招标项目可以采取随机抽取方式,特殊招标项目可以由招标人直接确定。

与投标人有利害关系的人不得进入相关项目的评标委员会;已经进入的应当更换。

评标委员会成员的名单在中标结果确定前应当保密。

《评标委员会和评标方法暂行规定》

第十二条　有下列情形之一的,不得担任评标委员会成员:

(一)投标人或者投标人主要负责人的近亲属;

(二)项目主管部门或者行政监督部门的人员;

(三)与投标人有经济利益关系,可能影响对投标公正评审的;

(四)曾因在招标、评标以及其他与招标投标有关活动中从事违法行为而受过行政处罚或刑事处罚的。

评标委员会成员有前款规定情形之一的,应当主动提出回避。

《招标投标法实施条例》

第四十六条　除招标投标法第三十七条第三款规定的特殊招标项目外,依法必须进行招标的项目,其评标委员会的专家成员应当从评标专家库内相关专业的专家名单中以随机抽取方式确定。任何单位和个人不得以明示、暗示等任何方式指定或者变相指定参加评标委员会的专家成员。

依法必须进行招标的项目的招标人非因招标投标法和本条例规定的事由,不得更换依法确定的评标委员会成员。更换评标委员会的专家成员应当依照前款规定进行。

评标委员会成员与投标人有利害关系的,应当主动回避。

有关行政监督部门应当按照规定的职责分工,对评标委员会成员的确定方式、评标专家的抽取和评标活动进行监督。行政监督部门的工作人员不得担任本部门负责监督项目的评标委员会成员。

第七十一条　评标委员会成员有下列行为之一的,由有关行政监督部门责令改正;情节严重的,禁止其在一定期限内参加依法必须进行招标的项目的评标;情节特别严重的,取消其担任评标委员会成员的资格：

（一）应当回避而不回避；

（二）擅离职守；

（三）不按照招标文件规定的评标标准和方法评标；

（四）私下接触投标人；

（五）向招标人征询确定中标人的意向或者接受任何单位或者个人明示或者暗示提出的倾向或者排斥特定投标人的要求；

（六）对依法应当否决的投标不提出否决意见；

（七）暗示或者诱导投标人作出澄清、说明或者接受投标人主动提出的澄清、说明；

（八）其他不客观、不公正履行职务的行为。

案例46　泄露评标专家名单

某依法必须进行招标的项目公开招标，招标人委托招标代理机构随机抽取评标专家。评标前一天下午抽取人抽取了4名外部专家。评标时，有3名外部专家反映自己在昨天晚上接到了短信，内容为“某某专家，明天评标，请将某单位废标，必有重谢。”

风险辨识

本案的风险主要是相关主体泄露评标委员会成员名单，违反法律规定。根据《招标投标法》第三十七条的规定，“评标委员会成员的名单在中标结果确定前应当保密。”3名评标专家都在评标前一天晚上接到了内容相同的短信，说明评标委员会成员名单在较短的时间内就已被泄露，给企图贿赂评标委员会成员及干扰评标之人以可乘之机。

风险防控

根据随机抽取评标专家的一般程序，了解评标委员会成员名单的相关主体包括：专家抽取人、项目经理、招标人、有时包括监督人，他们都有可能向外泄露信息。避免信息泄露的最好方法就是采用信息化手段，让机器自动处理代替人为操作。招标代理公司应采取技术手段，尽快实现评标专家的自动抽取和自动语音通知，避免多人接触，增大泄露评标委员会成员名单的几率。

相关依据

《招标投标法》

第三十七条　评标由招标人依法组建的评标委员会负责。

依法必须进行招标的项目，其评标委员会由招标人的代表和有关技术、经济等方面的专家组成，成员人数为五人以上单数，其中技术、经济等方面的专家不得少于成员总数的三分之二。

前款专家应当从事相关领域工作满八年并具有高级职称或者具有同等专业水平，由招标人从国务院有关部门或者省、自治区、直辖市人民政府有关部门提供的专家名册或者招标代理机构的专家库内的相关专业的专家名单中确定；一般招标项目可以采取随机抽取方式，特殊招标项目可以由招标人直接确定。

与投标人有利害关系的人不得进入相关项目的评标委员会；已经进入的应当更换。

评标委员会成员的名单在中标结果确定前应当保密。

四、开标风险防控案例

案例 47　推迟开标时间

某项目公开招标，招标文件中规定的投标截止时间已到，但招标代理项目经理却仍然不组织开标，而说某投标人正堵车在路上，一会儿就到了，让其他投标人等一等，待全部投标人都到齐再开标。

风险辨识

本案的风险主要是招标代理项目经理不按招标文件规定的时间开标，违反法律规定。根据《招标投标法》第三十四条"开标应当在招标文件确定的提交投标文件截止时间的同一时间公开进行"。本案招标代理项目经理明显偏袒某投标人，为使其能够参与开标，无正当理由，故意推迟开标时间，公然违规操作。

风险防控

开标是招投标活动遵循公开原则的体现，明确规定招标人应当按照招标文件规定的时间、地点开标，可以杜绝招标人和个别投标人非法串通，在投标文件截止时间之后，视其他投标人的投标情况，修改投标文件，损害国家和其他投标人的利益。招标人和招标代理机构必须按照招标文件的规定，按时开标，不得擅自提前或拖后开标，更不能不开标就进行评标。

相关依据

《招标投标法》

第三十四条　开标应当在招标文件确定的提交投标文件截止时间的同一时间公开进行;开标地点应当为招标文件中预先确定的地点。

《招标投标法实施条例》

第四十四条　招标人应当按照招标文件规定的时间、地点开标。

投标人少于三个的,不得开标;招标人应当重新招标。

投标人对开标有异议的,应当在开标现场提出,招标人应当当场作出答复,并制作记录。

案例48　接收逾期送达的投标文件

某项目公开招标,投标截止时间已过,某潜在投标人的代表提着一袋资料冲进开标室要求递交投标文件,招标代理告知他们投标截止时间已过不再接收投标文件。该潜在投标人说之所以没按时递交投标文件是因为招标人临时改变了开标地点,使其一时没能找到具体地点,耽误了时间。于是招标代理就接收了他们的投标文件。

风险辨识

本案主要有两大风险:一是招标代理接收逾期送达的投标文件,违反法律规定。《招标投标法》第二十八条规定,“在招标文件要求提交投标文件的截止时间后送达的投标文件,招标人应当拒收”。二是招标人临时改变开标地点,影响投标人送达投标文件。《招标投标法实施条例》第四十四条规定,"招标人应当按照招标文件规定的时间、地点开标"。本案招标人临时改变开标地点,虽然在酒店大堂作出了提示,但也不利于潜在投标人顺利投标,容易导致纠纷,引起投诉风险。

风险防控

招标人和招标代理应当按照规定组织开标,无论出于什么原因,都应当拒收逾期递交的投标文件。同时做好前期组织工作,不应临时更改开标的时间和地点,如遇特殊情况必须更改,须提前向所有已购买招标文件的潜在投标人发出书面通知,并确认收到。

相关依据

《招标投标法》

第二十八条　投标人应当在招标文件要求提交投标文件的截止时间前,将投标文件送达投标地点。招标人收到投标文件后,应当签收保存,不得开启。投标人少于三个的,招标人应当依照本法重新招标。

在招标文件要求提交投标文件的截止时间后送达的投标文件,招标人应当拒收。

《招标投标法实施条件》

第四十四条　招标人应当按照招标文件规定的时间、地点开标。

投标人少于三个的,不得开标;招标人应当重新招标。

投标人对开标有异议的,应当在开标现场提出,招标人应当当场作出答复,并制作记录。

案例49　投标文件密封性的检查主体不当

某项目公开招标，由于递交投标文件的单位众多，为保持开标现场的秩序，招标人只让招标项目的监督人检查各投标文件的密封情况，而不允许投标人再动已经递交的投标文件。

风险辨识

本案主要存在两大风险，一是检查投标文件密封性的主体不当，不符合法律规定。《招标投标法》第三十六条规定，开标时，由投标人或者其推选的代表检查投标文件的密封情况，也可以由招标人委托的公证机构检查并公证。可见，检查投标文件密封性的主体共有三个：一是投标人，二是投标人推选的代表，三是招标人委托的公证机构。并没有监督人员，让监督人员检查投标文件的密封情况没有法律依据，有越权的风险。二是招标人不允许投标人检查投标文件的密封情况，剥夺了投标人的法定权利，违反公平原则。

风险防控

检查投标文件的密封性是投标人享有的权利，开标过程中增加这一环节有利于加强和发挥投标人的监督作用。本案招标项目的监督人员应当拒绝招标人的要求，让法定检查主体依法进行检查。

相关依据

《招标投标法》

第三十六条　开标时，由投标人或者其推选的代表检查投标文件的密封情况，也可以由招标人委托的公证机构检查并公证；经确认无误后，由工作人员当众拆封，宣读投标人名称、投标价格和投标文件的其他主要内容。

招标人在招标文件要求提交投标文件的截止时间前收到的所有投标文件，开标时都应当当众予以拆封、宣读。

开标过程应当记录，并存档备查。

案例 50　投标文件密封异议

某工程施工招标项目开标，招标代理让投标人代表检查投标文件的密封情况，某投标人在检查过程中提出自己的投标文件开了，有优盘从中掉出来了。

风险辨识

本案中某投标文件开了，有两种可能：一种是有人故意开启投标文件，违反相关规定，根据《工程建设项目施工招标投标办法》第三十八条“在开标前任何单位和个人不得开启投标文件”，投标文件在开标前被打开有泄露投标人信息的风险。另一种是招标代理工作人员在搬运过程中的无意破损。

风险防控

招标监督主体与招标人或招标代理应该与投标人代表三方一起当场确认该投标文件是否被故意打开了。如果是，且投标人认为信息可能泄露了，就应停止开标，开展调查。如果只是搬运中较小的破损，可以请投标文件递交人检查自己投标文件的完整性，如果完整，在征得其同意后继续开标。招标代理应总结教训,认真接收投标文件,检查其密封完好才能接收,并小心搬运,避免类似问题。

相关依据

《工程建设项目施工招标投标办法》

第三十八条　投标人应当在招标文件要求提交投标文件的截止时间前,将投标文件密封送达投标地点。招标人收到投标文件后,应当向投标人出具标明签收人和签收时间的凭证,在开标前任何单位和个人不得开启投标文件。

在招标文件要求提交投标文件的截止时间后送达的投标文件,招标人应当拒收。

依法必须进行施工招标的项目提交投标文件的投标人少于三个的,招标人在分析招标失败的原因并采取相应措施后,应当依法重新招标。重新招标后投标人仍少于三个的,属于必须审批、核准的工程建设项目,报经原审批、核准部门审批、核准后可以不再进行招标;其他工程建设项目,招标人可自行决定不再进行招标。

案例51　未按要求密封投标文件

某招标项目开标,共3家单位递交投标文件。招标代理让投标人代表检查投标文件的密封情况,某投标人指出其中1家单位的密封线上没有加盖单位的骑缝章,不符合招标文件的密封规定。招标代理说密封只是形式上的规定,不影响投标的实质内容,且只有3家单位投标,如果因为密封问题否决1家投标单位,就不能开标了。于是继续拆标、唱标。

风险辨识

本案的风险主要是招标代理接收未按招标文件要求密封的投标文件,不符合相关规定。根据《招标投标法实施条例》第三十六条"不按照招标文件要求密封的投标文件,招标人应当拒收"。招标人委托招标代理机构接收投标文件。招标代理机构人员也应依法行事,不应在投标人提出异议后不但不改正错误还对异议置之不理,否则极易引起投诉拖延采购时间。

风险防控

招标人或招标代理应该按照相关依据认真审核投标文件的密封情况,无论是形式上的规定还是实质上的规定,只要法律法规和招标文件有相关规定,招标流程设置了相应的环节,就应该不折不扣地执行,维护法律的尊严、保证招标程序的严肃性。

相关依据

《招标投标法实施条例》

第三十六条　未通过资格预审的申请人提交的投标文件,以及逾期送达或者不按照招标文件要求密封的投标文件,招标人应当拒收。

招标人应当如实记载投标文件的送达时间和密封情况,并存档备查。

第四十四条　招标人应当按照招标文件规定的时间、地点开标。

投标人少于三个的,不得开标;招标人应当重新招标。

投标人对开标有异议的,应当在开标现场提出,招标人应当当场作出答复,并制作记录。

案例52　唱标错误

某招标项目开标,唱标时,唱标人发现某投标人投标函上填写的投标报价大写金额和小写金额不一致,他便查询投标文件的分项报价表,发现投标函中的小写金额与分项报价表中的金额一致,于是按照投标函的小写金额进行唱标。

风险辨识

本案的风险主要是唱标人的唱标不符合相关法律法规。《政府采购货物和服务招标投标管理办法》第五十九条规定,“投标文件中开标一览表(报价表)内容与投标文件中明细表内容不一致的,以开标一览表(报价表)为准”。《评标委员会和评标方法暂行规定》第十九条规定,“投标文件中的大写金额和小写金额不一致的,以大写金额为准;总价金额与单价金额不一致的,以单价金额为准,但单价金额小数点有明显错误的除外”。本案中的投标函即为开标一览表,分项报价表即为明细表,投标函的内容与分项报价表内容不一致的,应以投标函为准。投标函的大写金额和小写金额不一致的,以大写金额为准。本案的招标代理应该唱出投标函(即开标一览表)中的大写金额。

风险防控

为避免争议招标人可以参照相关依据在招标文件中明确规定投标函、分项报价表及投标文件的其他部分等不同法律文件内容的效力顺序,使判断依据公开透明。

相关依据

《评标委员会和评标方法暂行规定》

第十九条　评标委员会可以书面方式要求投标人对投标文件中含义不明确、对同类问题表述不一致或者有明显文字和计算错误的内容作必要的澄清、说明或者补正,澄清、说明或者补正应以书面方式进行并不得超出投标文件的范围或者改变投标文件的实质性内容。

投标文件中的大写金额和小写金额不一致的,以大写金额为准;总价金额与单价金额不一致的,以单价金额为准,但单价金额小数点有明显错误的除外;对不同文字文本投标文件的解释发生异议的,以中文文本为准。

《政府采购货物和服务招标投标管理办法》

第五十九条　投标文件报价出现前后不一致的,除招标文件另有规定外,按照下列规定修正:

(一)投标文件中开标一览表(报价表)内容与投标文件中相应内容不一致的,以开标一览表(报价表)为准;

(二)大写金额和小写金额不一致的,以大写金额为准;

(三)单价金额小数点或者百分比有明显错位的,以开标一览表的总价为准,并修改单价;

(四)总价金额与按单价汇总金额不一致的,以单价金额计算结果为准。

同时出现两种以上不一致的,按照前款规定的顺序修正。修正后的报价按照本办法第五十一条第二款的规定经投标人确认后产生约束力,投标人不确认的,其投标无效。

案例53　异议的时间不当

某项目招标，开标唱标结束，投标人签字确认后，部分投标人已经离开开标现场，某投标人又向招标人提出自己的投标文件中有一份降价函，没有被拆出，要求拆出，按照降价函修改投标报价。

风险辨识

本案的风险主要是投标人提出不当异议。《招标投标法实施条例》第四十四条规定，“投标人对开标有异议的，应当在开标现场提出”。本案的投标人在唱标期间和签字确认之前均未提出有降价函的情况，未拆出降价函的责任在该投标人。参照《政府采购货物和服务招标投标管理办法》第四十条，“未宣读的投标价格、价格折扣和招标文件允许提供的备选投标方案等实质内容，评标时不予承认”。招标人如果在投标人已经签字确认且部分投标人已经离开开标现场的情况下，按照该招标人所要求的再拆降价函并按其修改投标报价有违反公开公平原则，损害其他投标人合法权益的风险。

风险防控

招标人应当拒绝该投标人的异议要求，并向其解释原因和相关依据，同时记录存档。

相关依据

《招标投标法实施条例》

第四十四条　招标人应当按照招标文件规定的时间、地点开标。

投标人少于三个的，不得开标；招标人应当重新招标。

投标人对开标有异议的，应当在开标现场提出，招标人应当当场作出答复，并制作记录。

《政府采购货物和服务招标投标管理办法》

第四十条 ……

未宣读的投标价格、价格折扣和招标文件允许提供的备选投标方案等实质内容，评标时不予承认。

案例54 越权否决

某工程建设勘察设计项目公开招标，投标截止时间，招标代理发现3家投标人中两家的投标保证金均未到账，于是宣布这两家单位投标无效，该项目因投标人少于3家而不再开标。

风险辨识

本案的风险主要是招标代理越权否决投标，违反相关规定。根据《招标投标法》及《评标委员会和评标方法暂行规定》，评判投标有效或无效的权力在评标委员会而不在招标代理。招标代理在开标现场宣布两家投标单位投标无效的行为属于越权行为，有干预评标的风险。另外，《招标投标法实施条例》规定，“投标人少于三个的，不得开标”，本案的投标人不少于3个，应该开标。

风险防控

如果招标文件要求提交投标保证金的，投标保证金不足、无效、迟交、有效期不足或者形式不符合招标文件要求的情形，均将构成实质性不响应而被拒绝。但应在评标阶段,由评标委员会根据招标文件的规定进行判断和认定。开标工作人员包括监督人员均无权在开标现场对投标文件作出有效或无效的判断处理。

相关依据

《评标委员会和评标方法暂行规定》

第七条　评标委员会依法组建,负责评标活动,向招标人推荐中标候选人或者根据招标人的授权直接确定中标人。

第十七条　评标委员会应当根据招标文件规定的评标标准和方法,对投标文件进行系统的评审和比较。招标文件中没有规定的标准和方法不得作为评标的依据。

招标文件中规定的评标标准和评标方法应当合理,不得含有倾向或者排斥潜在投标人的内容,不得妨碍或者限制投标人之间的竞争。

《工程建设项目勘察设计招标投标办法》

第三十七条　投标人有下列情况之一的,评标委员会应当否决其投标:

(一)不符合国家或者招标文件规定的资格条件;

(二)与其他投标人或者与招标人串通投标;

(三)以他人名义投标,或者以其他方式弄虚作假;

(四)以向招标人或者评标委员会成员行贿的手段谋取中标的;

(五)以联合体形式投标,未提交共同投标协议;

(六)提交两个以上不同的投标文件或者投标报价,但招标文件要求提交备选投标的除外。

五、评标风险防控案例

案例 55　评标期间异议

某工程施工项目公开招标，采用综合评估法评标。投标人的得分排序结果刚刚产生，就有一位不肯透露姓名和单位的女士来到评标现场，要求向监督人员递交异议书，指控排名第一的某投标单位业绩造假，不能被推荐为第一中标候选人。

风险辨识

本案存在三大风险：一是评标相关人员泄露评标信息违反法律规定。根据《招标投标法》第四十四条规定，"评标委员会成员和参与评标的有关工作人员不得透露对投标文件的评审和比较、中标候选人的推荐情况以及与评标有关的其他情况"。投标人的得分排序结果刚刚产生，就有人来到评标现场提出异议，很明显是评标委员会成员或参与评标的有关工作人员向外透露了评标的相关信息。二是招标人保密措施不当使评标信息外泄，违反法律规定。根据《招标投标法》第三十八条"招标人应当采取必要的措施，保证评标在严格保密的情况下进行"。三是投标人在不当的时间提出异议，干扰正常评标。根据《招标投标法实施条例》第五十四条的规定，"投标人或者其他利害关系人对依法必须进行招标的项目的评标结果有异议的，应当在中标候选人公示期间提出"，不应在评标期间提出，否则有干预评标之嫌。

风险防控

现场监督人员应当告知来人提出异议的相关法律规定,要求其依法行使异议权,不得干预正常评标。其指控排名第一的某投标单位业绩造假,不能被推荐为第一中标候选人,属于对评标结果有异议,应当在中标候选人公示期间提出。所以监督人员或招标人可以暂不受理其的异议。招标相关主管部门或监督部门应当调查找出泄露信息的人员,并根据法律规定追究其责任。招标人应当切实采取有效措施保证评标在严格保密的情况下进行,同时可通过招标文件或开标会指导投标人及相关主体正确行使异议权,防止非法干预、影响评标的情况发生。

相关依据

《招标投标法》

第三十八条　招标人应当采取必要的措施,保证评标在严格保密的情况下进行。

任何单位和个人不得非法干预、影响评标的过程和结果。

第四十四条　评标委员会成员应当客观、公正地履行职务,遵守职业道德,对所提出的评审意见承担个人责任。

评标委员会成员不得私下接触投标人,不得收受投标人的财物或者其他好处。

评标委员会成员和参与评标的有关工作人员不得透露对投标文件的评审和比较、中标候选人的推荐情况以及与评标有关的其他情况。

第五十六条　评标委员会成员收受投标人的财物或者其他好处的,评标委员会成员或者参加评标的有关工作人员向他人透露对投标文件的评审和比较、中标候选人的推荐以及与评标有关的其他情况的，给予警告，没收收受的财物，可以并处三千元以上五万元以下的罚款，对有所列违法行为的评标委员会成员取消担任评标委员会成员的资格，不得再参加任何依法必须进行招标的项目的评标；构成犯罪的，依法追究刑事责任。

《招标投标法实施条例》

第五十四条　依法必须进行招标的项目，招标人应当自收到评标报告之日起三日内公示中标候选人，公示期不得少于三日。

投标人或者其他利害关系人对依法必须进行招标的项目的评标结果有异议的，应当在中标候选人公示期间提出。招标人应当自收到异议之日起三日内作出答复；作出答复前，应当暂停招标投标活动。

案例 56　评标时间过短

某工程施工项目公开招标，概算金额为 3000 万元，分为 12 个标段，采用综合评估法评标。评标期间，招标人以工程紧急为由，要求评标专家在一天内必须评完标。由 7 位专家组成的评标委员会中的 5 位外部专家均反映时间太紧，审阅不过来这么多投标文件。

风险辨识

本案的风险主要是招标人不切实际限定评标时间，干预评标。根据《招标投标法实施条例》第四十八条的规定，“招标人应当根据项目规模和技术复杂程度等因素合理确定评标时间。超过三分之一的评标委员会成员认为评标时间不够的，招标人应当适当延长”。本招标项目概算金额较大、标段多，又采用较复杂的综合评估法评标。招标人不切实际地给评标委员会规定评标的时限,既不利于他们认真评标,也属于一种干预行为。

风险防控

合理的评标时间是评标委员会客观公正地履行评审职责的重要保障,评标时间过短,必然影响评标质量。招标人不应只求速度而忽视招标质量。本案7位评标委员会成员中的5位均反映评标时间太紧,难以审阅完投标文件,可见,已有超过三分之一的评标委员会成员认为评标时间不够,招标人应当适当延长评标时间。

相关依据

《招标投标法实施条例》

第四十八条　招标人应当向评标委员会提供评标所必需的信息,但不得明示或者暗示其倾向或者排斥特定投标人。

招标人应当根据项目规模和技术复杂程度等因素合理确定评标时间。超过三分之一的评标委员会成员认为评标时间不够的,招标人应当适当延长。

评标过程中,评标委员会成员有回避事由、擅离职守或者因健康等原因不能继续评标的,应当及时更换。被更换的评标委员会成员作出的评审结论无效,由更换后的评标委员会成员重新进行评审。

案例57　明示倾向

某后勤服务项目公开招标,评标期间,评标委员会让招标人代表评标专家介绍一下项目情况。某招标人代表说,这一后勤服务几年来一直是委托给 A 公司干的。以前这种项目都不用招标,现在公司要求严了,才招标的,也就是走个形式。

风险辨识

本案的风险主要是招标人代表评标专家发表不当言论,明示其倾向,违反相关规定和公平原则。招标人代表在介绍项目情况时明确表达了对投标单位 A 公司的好感,并说招标只是走形式,属于明示其倾向,未遵守《招标投标法实施案例》第四十八条关于招标人"不得明示或者暗示其倾向或者排斥特定投标人"的规定。同时,无论什么项目,一旦采取招标的方式进行采购就必须遵循法定程序和要求,违法违规就要被追究法律责任。

风险防控

认真、公正、诚实、廉洁地履行职责是法律规定评标委员会的义务,评标专家应当遵纪守法、遵守职业道德,公平公正评标。招标人代表评标专家也不能例外,且更应该作出表率,在评标过程中发表不当言论,藐视招标程序,为特定投标人中标创造条件,实属不当。招标现场监督主体应该立即纠正该招标人代表评标专家的违法言论,并要求评标委员会应依照法律法规和招标文件的要求公平公正独立评审,不得接受他人的倾向。

相关依据

《招标投标法实施案例》

第四十八条　招标人应当向评标委员会提供评标所必需的信息,但不得明示或者暗示其倾向或者排斥特定投标人。

招标人应当根据项目规模和技术复杂程度等因素合理确定评标时间。超过三分之一的评标委员会成员认为评标时间不够的，招标人应当适当延长。

评标过程中，评标委员会成员有回避事由、擅离职守或者因健康等原因不能继续评标的，应当及时更换。被更换的评标委员会成员作出的评审结论无效，由更换后的评标委员会成员重新进行评审。

案例 58　暗示倾向

某工程施工项目公开招标，共有 10 个标段。评标时，某招标人代表评标专家在发给每位评标专家以供参考的开标记录表上的特定投标单位名称前均打上了对钩。

风险辨识

本案的风险主要是招标人代表评标专家，在评标材料上做记号，暗示其倾向，违反法规规定和公平原则。招标人代表评标专家在发给评标委员会的开标记录表上的特定投标单位名称前打上对钩，明显是暗示倾向，未遵守《招标投标法实施案例》第四十八条关于招标人“不得明示或者暗示其倾向或者排斥特定投标人”的规定。将诱导评标专家选择做了标记的单位，可能造成不公平、不公正评标，损害其他投标人的合法权益。

风险防控

目前，在招投标实践中，有一些招标人代表评标专家利用专家身份和参与评标的便利以及封闭评标的规定，在评标过程中，通过各种方式和手段来谋求特定投标人的中标，违法违规，破坏公平公正原则，使招标沦为形式和过场，大大降低了招标的效果。这种问题只有在现场全程参与评标过程的主体才能发现。所以对招标项目的评标过程进行全程现场监督是十分必要的。招标现场监督主体可以及时纠正招标人代表评标专家的违规行为，避免和消除后续的不利影响。

相关依据

《招标投标法实施条例》

第四十六条　除招标投标法第三十七条第三款规定的特殊招标项目外，依法必须进行招标的项目，其评标委员会的专家成员应当从评标专家库内相关专业的专家名单中以随机抽取方式确定。任何单位和个人不得以明示、暗示等任何方式指定或者变相指定参加评标委员会的专家成员。

依法必须进行招标的项目的招标人非因招标投标法和本条例规定的事由，不得更换依法确定的评标委员会成员。更换评标委员会的专家成员应当依照前款规定进行。

评标委员会成员与投标人有利害关系的，应当主动回避。

有关行政监督部门应当按照规定的职责分工，对评标委员会成员的确定方式、评标专家的抽取和评标活动进行监督。行政监督部门的工作人员不得担任本部门负责监督项目的评标委员会成员。

第四十八条　招标人应当向评标委员会提供评标所必需的信息，但不得明示或者暗示其倾向或者排斥特定投标人。

招标人应当根据项目规模和技术复杂程度等因素合理确定评标时间。超过三分之一的评标委员会成员认为评标时间不够的，招标人应当适当延长。

评标过程中，评标委员会成员有回避事由、擅离职守或者因健康等原因不能继续评标的，应当及时更换，被更换的评标委员会成员作出的评审结论无效，由更换后的评标委员会成员重新进行评审。

案例59　随意更换专家

某依法必须进行招标的货物采购项目公开招标，评标时，招标人代表评标专家对评标委员会中一名外聘专家的工作不满意，以其不懂专业知识为由要求招标代理更换该名专家。

风险辨识

本案的风险主要是招标人代表评标专家无正当理由要求更换评标专家，违反法律规定。根据《招标投标法实施条例》第四十六条，“招标人非因招标投标法和本条例规定的事由，不得更换依法确定的评标委员会成员”。根据《招标投标法实施条例》第四十八条的规定，更换评标委员会成员的法定事由包括“回避事由、擅离职守或者因健康等原因”，以及发生受贿、泄密、私下接触投标人等违法违规行为。“不懂专业知识”只是某招标人代表评标专家个人的主观判断，并非更换专家的法定事由，不能随意更换。

风险防控

规定招标人不得随意更换评标专家可以维护评标专家的合法权利，保证评标委员会的稳定性，切实保障评标专家独立客观地履行职责。招标监督主体或招标人应立即核查该名专家的资格是否符合法律规定，是否是按照法定程序抽取，且在评标过程中是否出现《招标投标法》和《招标投标法实施条例》规定的更换事由，如果没有，则不能更换。如果有法定更换事由，则应当按照规定方式予以更换，原则上还应以随机抽取的方式，从评标专家库内相关专业的专家名单中确定。另外，招标人或招标代理机构应该加强对专家库的管理，确保库中专家满足评标专业要求。

相关依据

《招标投标法实施条例》

第四十六条　除招标投标法第三十七条第三款规定的特殊招标项目外，依法必须进行招标的项目，其评标委员会的专家成员应当从评标专家库内相关专业的专家名单中以随机抽取方式确定。任何单位和个人不得以明示、暗示等任何方式指定或者变相指定参加评标委员会的专家成员。

依法必须进行招标的项目的招标人非因招标投标法和本条例规定的事由，不得更换依法确定的评标委员会成员。更换评标委员会的专家成员应当依照前款规定进行。

评标委员会成员与投标人有利害关系的，应当主动回避。

有关行政监督部门应当按照规定的职责分工，对评标委员会成员的确定方式、评标专家的抽取和评标活动进行监督。行政监督部门的工作人员不得担任本部门负责监督项目的评标委员会成员。

第四十八条　招标人应当向评标委员会提供评标所必需的信息，但不得明示或者暗示其倾向或者排斥特定投标人。

招标人应当根据项目规模和技术复杂程度等因素合理确定评标时间。超过三分之一的评标委员会成员认为评标时间不够的，招标人应当适当延长。

评标过程中,评标委员会成员有回避事由、擅离职守或者因健康等原因不能继续评标的,应当及时更换。被更换的评标委员会成员作出的评审结论无效,由更换后的评标委员会成员重新进行评审。

案例60　不及时回避

某工程建设施工项目公开招标,共3个标段,评标委员会评审完两个标段,在评审第三标段时,发现某评标专家与其中一家投标单位来自同一集团公司。

风险辨识

本案的风险主要是与投标人有利害关系的人进入评标委员会,不符合《招标投标法》第三十七条的规定,可能影响评标的公正性。评标委员会的成员与投标人来自同一集团公司,一般会存在经济利益关系,可能影响对投标的公正评审,有损害其他投标人合法权益的风险,也容易引起其他投标人的误会和投诉。

风险防控

招标代理机构应当提醒评标专家根据法律规定和实际情况自觉进行回避,并及时依法更换专家,即重新随机补充抽取一名评标专家。但尚需讨论的是,该专家对第一标段、第二标段作出的评审结论是否有效?相关法律规定:被更换的评标委员会成员作出的评审结论无效,由更换后的评标委员会成员重新进行评审。但从实际情况考虑,该专家在第一标段及第二标段不存在回避事项,评审结论应该有效。同时再抽取专家重新评审前两个标段,将严重拖延评标时间,不符合实际情况。

相关依据

《招标投标法》

第三十七条　评标由招标人依法组建的评标委员会负责。

依法必须进行招标的项目,其评标委员会由招标人的代表和有关技术、经济等方面的专家组成,成员人数为五人以上单数,其中技术、经济等方面的专家不得少于成员总数的三分之二。

前款专家应当从事相关领域工作满八年并具有高级职称或者具有同等专业水平,由招标人从国务院有关部门或者省、自治区、直辖市人民政府有关部门提供的专家名册或者招标代理机构的专家库内的相关专业的专家名单中确定;一般招标项目可以采取随机抽取方式,特殊招标项目可以由招标人直接确定。

与投标人有利害关系的人不得进入相关项目的评标委员会;已经进入的应当更换。

评标委员会成员的名单在中标结果确定前应当保密。

第四十六条　除招标投标法第三十七条第三款规定的特殊招标项目外,依法必须进行招标的项目,其评标委员会的专家成员应当从评标专家库内相关专业的专家名单中以随机抽取方式确定。任何单位和个人不得以明示、暗示等任何方式指定或者变相指定参加评标委员会的专家成员。

依法必须进行招标的项目的招标人非因招标投标法和本条例规定的事由,不得更换依法确定的评标委员会成员。更换评标委员会的专家成员应当依照前款规定进行。

评标委员会成员与投标人有利害关系的,应当主动回避。

有关行政监督部门应当按照规定的职责分工,对评标委员会成员的确定方式、评标专家的抽取和评标活动进行监督。行政监督部门的工作人员不得担任本部门负责监督项目的评标委员会成员。

第四十八条　招标人应当向评标委员会提供评标所必需的信息,但不得明示或者暗示其倾向或者排斥特定投标人。

招标人应当根据项目规模和技术复杂程度等因素合理确定评标时间。超过三分之一的评标委员会成员认为评标时间不够的,招标人应当适当延长。

评标过程中,评标委员会成员有回避事由、擅离职守或者因健康等原因不能继续评标的,应当及时更换。被更换的评标委员会成员作出的评审结论无效,由更换后的评标委员会成员重新进行评审。

《评标委员会和评标方法暂行规定》

第十二条　有下列情形之一的,不得担任评标委员会成员:

(一)投标人或者投标人主要负责人的近亲属;

(二)项目主管部门或者行政监督部门的人员;

(三)与投标人有经济利益关系,可能影响对投标公正评审的;

(四)曾因在招标、评标以及其他与招标投标有关活动中从事违法行为而受过行政处罚或刑事处罚的。

评标委员会成员有前款规定情形之一的,应当主动提出回避。

案例61　擅离值守

某货物采购项目招标,评标期间,评标委员会某专家在午休时间未与任何人打招呼就离开评标地点,几个小时后才返回评标现场。

风险辨识

本案的风险主要是评标专家在评标期间擅离职守,不遵守评标纪律和职业道德。同时,其外出具体做了什么不得而知,有私下接触投标人或向外泄露评标信息的风险。

风险防控

招标人或招标代理机构应当采取必要的措施,保证评标在严格保密的情况下进行,防止评标专家擅自外出,同时有关行政监督部门应该严格按照《招标投标法实施条例》第七十一条的规定,对擅离职守的专家按照情节严重程度给予责令改正、禁止其在一定期限内参加依法必须进行招标的项目的评标或取消其担任评标委员会成员的资格的追究。

相关依据

《招标投标法》

第四十四条　评标委员会成员应当客观、公正地履行职务,遵守职业道德,对所提出的评审意见承担个人责任。

评标委员会成员不得私下接触投标人,不得收受投标人的财物或者其他好处。

评标委员会成员和参与评标的有关工作人员不得透露对投标文件的评审和比较、中标候选人的推荐情况以及与评标有关的其他情况。

《招标投标法实施条例》

第四十八条　招标人应当向评标委员会提供评标所必需的信息,但不得明示或者暗示其倾向或者排斥特定投标人。

招标人应当根据项目规模和技术复杂程度等因素合理确定评标时间。超过三分之一的评标委员会成员认为评标时间不够的,招标人应当适当延长。

评标过程中,评标委员会成员有回避事由、擅离职守或者因健康等原因不能继续评标的,应当及时更换。被更换的评标委员会成员作出的评审结论无效,由更换后的评标委员会成员重新进行评审。

第七十一条　评标委员会成员有下列行为之一的,由有关行政监督部门责令改正;情节严重的,禁止其在一定期限内参加依法必须进行招标的项目的评标;情节特别严重的,取消其担任评标委员会成员的资格:

(一)应当回避而不回避;

(二)擅离职守;

(三)不按照招标文件规定的评标标准和方法评标;

(四)私下接触投标人;

(五)向招标人征询确定中标人的意向或者接受任何单位或者个人明示或者暗示提出的倾向或者排斥特定投标人的要求;

(六)对依法应当否决的投标不提出否决意见;

(七)暗示或者诱导投标人作出澄清、说明或者接受投标人主动提出的澄清、说明;

(八)其他不客观、不公正履行职务的行为。

案例 62　分工不当

某工程建设施工项目公开招标，评标委员会由 5 名外部技术、经济专家和 2 名招标人代表组成。评标委员会主任分工时，仅让 2 名招标人代表负责对 6 份投标文件进行初审，其余专家均直接看技术文件。

风险辨识

本案主要有三大风险：一是评标委员会主任分工不当，不符合规定精神。根据《评标委员会和评标方法暂行规定》第二十三条的规定，“评标委员会应当审查每一投标文件是否对招标文件提出的所有实质性要求和条件作出响应”。这里要求评标委员会共同审查投标文件并非只由个别专家审核，两名招标人代表专家审核的结果并不能代表评标委员会的意见，可能出现以偏概全的情况。二是初审涉及形式与响应性审查和资格审查，可以直接否决投标，工作繁复又非常重要，只交给两名专家负责不妥当，可能出现漏看、错看的情况，带来评审错误的风险。三是不当分工使招标人代表评标专家拥有过大的自由裁量权也为部分评标专家谋求特定投标人中标或者排斥特定投标人制造了可乘之机。

风险防控

招标现场监督主体应该立即制止评标委员会主任的不当分工，依法要求评标委员会所有专家均应参与初审环节，审查每一投标文件是否对招标文件提出的所有实质性要求和条件作出响应。

相关依据

《评标委员会和评标方法暂行规定》

第二十三条　评标委员会应当审查每一投标文件是否对招标文件提出的所有实质性要求和条件作出响应。未能在实质上响应的投标,应当予以否决。

案例63　轻易否决投标

某工程建设施工项目公开招标,有28家单位递交了投标文件。某投标人的投标文件封面上打印的投标人名称出现错误,将“华煤集团有限责任公司”打印为“华媒集团有限责任公司”,但其上加盖的单位公章是正确的。同时投标函中的名称及盖章均为正确。部分评标委员会专家认为投标人数众多,为提高评标效率应该把有瑕疵的投标都否决掉。坚持以该投标人的名称与营业执照不符,形式上不响应招标文件的要求为由直接否决其投标。但部分评标专家认为这只是个笔误,且该投标人报价最低,不同意将其否决。

风险辨识

本案的风险主要是部分评标专家轻易否决投标,可能损害招标人的合法权益,对投标人也不公平。招标文件规定投标人名称应与营业执照一致。该投标人的投标函及投标文件的其他部分中的投标人名称和盖章均与营业执照一致。只有封面打印的名称有一字之差,将“煤”打印成了“媒”,明显是笔误,且其上加盖的公章为正确的,属于《工程建设项目施工招标投标办法》第五十一条中“对同类问题表述不一致或有明显文字错误的内容”,可以进行澄清。考虑到该投标人报价最低,不应贸然否决其投标,使招标人多付钱。

风险防控

评标委员会应客观公正、实事求是地作出评审,不能为追求评标速度就牺牲评标质量。吹毛求疵地否决投标文件对投标人不公平,也会损害招标人的合法权益。本案的招标现场监督主体应该向评标委员会提示法律规定,要求其本着对招标人和投标人负责的态度,实事求是,依法行使职权。

相关依据

《工程建设项目施工招标投标办法》

第五十一条　评标委员会可以书面方式要求投标人对投标文件中含义不明确、对同类问题表述不一致或者有明显文字和计算错误的内容作必要的澄清、说明或补正。评标委员会不得向投标人提出带有暗示性或诱导性的问题,或向其明确投标文件中的遗漏和错误。

案例 64　评分异常

某招标项目采用综合评估法评标,评标委员会由 5 名专家组成,在详细评审阶段,某评标专家给 A 投标单位的评分为 60 分,而其余 4 名专家给 A 单位的评分均在 90 分以上。

风险辨识

本案的风险主要是某评标专家的评分异常,可能带有倾向性,导致不公正评标。某评标专家给A投标单位的评分比评标委员会其他成员对该投标人评分的平均值低30%多,且没有合理的解释,有故意排斥特定投标人之嫌。

风险防控

为防止个别评标专家在综合评估法评标中故意打出高分或低分,不公正评标,招标人可在招标文件中设置合理的评分偏差率,将大于偏差率的评标专家的评分排除(例如,有单位设置20%的偏差率,只要某评标专家的打分高于或低于评标委员会评分均值的20%都将被排除)。同时招标人也可要求评分偏差较大的评标专家作出合理的书面解释,不能任由个别评标专家随意打分,影响评标结果的公正性。

相关依据

《招标投标法》

第四十条　评标委员会应当按照招标文件确定的评标标准和方法,对投标文件进行评审和比较;设有标底的,应当参考标底。评标委员会完成评标后,应当向招标人提出书面评标报告,并推荐合格的中标候选人。

招标人根据评标委员会提出的书面评标报告和推荐的中标候选人确定中标人。招标人也可以授权评标委员会直接确定中标人。

国务院对特定招标项目的评标有特别规定的,从其规定。

案例65　重新打分

某货物采购的短名单招标(短名单招标即事先以公开招标的方

式确定一定数量的合格供应商,列入短名单,等需要采购时就直接邀请短名单中的供应商来投标),采用综合评估法评标,招标文件规定综合得分满60分的投标供应商可以进入短名单。评标委员会评分结束后,招标代理计算出了投标人的得分,有一家投标人的得分为59.2分,一名招标人代表评标专家说该单位的得分接近60分,应该也让其入围,让评标委员会重新打分,有3名评标专家表示同意。

风险辨识

本案主要有两大风险:一是招标人代表评标专家明示倾向,授意评标委员会重新打分,让不满足招标文件要求的某投标人入围短名单,非法干预、影响评标的过程和结果,违反《招标投标法》的规定。二是3名评标专家接受招标人代表明示的倾向,意欲重新打分,不能实事求是、客观公正履行职务,违反相关规定,根据《招标投标法实施条例》第四十九条和《评标委员会和评标方法暂行规定》第十三条的规定,评标委员会成员"不得接受任何单位或者个人明示或者暗示提出的倾向"。

风险防控

招标现场监督主体应该立即制止招标人代表的违规行为,要求评标委员会按照法律法规和招标文件的规定评标,不得接受其明示的倾向。不得通过重新打分,使特定投标人入围。

相关依据

《招标投标法》

第三十八条　招标人应当采取必要的措施,保证评标在严格保密的情况下进行。

任何单位和个人不得非法干预、影响评标的过程和结果。

《招标投标法实施条例》

第四十九条　评标委员会成员应当依照招标投标法和本条例的规定，按照招标文件规定的评标标准和方法，客观、公正地对投标文件提出评审意见。招标文件没有规定的评标标准和方法不得作为评标的依据。

评标委员会成员不得私下接触投标人，不得收受投标人给予的财物或者其他好处，不得向招标人征询确定中标人的意向，不得接受任何单位或者个人明示或者暗示提出的倾向或者排斥特定投标人的要求，不得有其他不客观、不公正履行职务的行为。

《评标委员会和评标方法暂行规定》

第十三条　评标委员会成员应当客观、公正地履行职责，遵守职业道德，对所提出的评审意见承担个人责任。

评标委员会成员不得与任何投标人或者与招标结果有利害关系的人进行私下接触，不得收受投标人、其他利害关系人的财物或者其他好处，不得向招标人征询其确定中标人的意向，不得接受任何单位或者个人明示或者暗示提出的倾向或者排斥特定投标人的要求，不得有其他不客观、不公正履行职务的行为。

案例66　擅改分数

某工程建设施工项目公开招标，采用综合评估法评标。评标委员会成员审核投标文件后，各自在电脑上打了分，发给招标代理项目经理后，已是晚上，部分专家便回房间休息了。只有招标人代表评标专家和项目经理继续汇总分数。投标人得分排序产生后，招标人代表评标专家发现排名第一的中标候选不是自己想要的单位，便要求招标代理通过操作计算机篡改了部分评标专家的打分。

风险辨识

本案主要存在三大风险：一是招标人代表评标专家指使招标代理篡改评标委员会的评分结果，不客观、不公正履行职务，影响评标的过程与结果，违法违规；二是招标人代表评标专家违规操作使特定投标人中标，有与特定投标人串通，损害其他投标人的合法权益的风险；三是招标代理项目经理与招标人代表评标专家串通一气，篡改评标专家评分结果，损害其他投标人合法权益。

风险防控

根据招投标相关法律法规，独立评标是评标委员会的权利和义务，其他人员不得参与和干涉。但是在评标实践中，评标委员会的许多工作往往由招标代理代劳，权责不清，给招标代理干预评标创造了条件。例如，本案中汇总评标委员会的评分结果、计算投标人的得分排序本应由评标委员会来完成却让招标代理来做，使招标代理有机会篡改分值。评标委员会应当认清职责，承担义务，依法完成自己的工作，不应把工作推给招标代理。同时，根据规定，招标代理只负责组织评标工作，不得参与评标，更不能干预评标。招标代理也应该准确定位，不得越俎代庖，实现非法目的。本案中招标人代表评标专家与招标代理串通改分的行为非常隐蔽，只有现场招标监督主体能发现并当场制止他们的违法违规行为，要求评标委员会依法履行职责，恢复投标人的正确排序，并建议主管部门按照相关依据对违规人员进行处理，以儆效尤，维护评标的严肃性。

相关依据

《招标投标法》

第四十四条　评标委员会成员应当客观、公正地履行职务，遵守职业道德，对所提出的评审意见承担个人责任。

评标委员会成员不得私下接触投标人，不得收受投标人的财物或者其他好处。

评标委员会成员和参与评标的有关工作人员不得透露对投标文件的评审和比较、中标候选人的推荐情况以及与评标有关的其他情况。

第五十条　招标代理机构违反本法规定，泄露应当保密的与招标投标活动有关的情况和资料的，或者与招标人、投标人串通损害国家利益、社会公共利益或者他人合法权益的，处五万元以上二十五万元以下的罚款，对单位直接负责的主管人员和其他直接责任人员处单位罚款数额百分之五以上百分之十以下的罚款；有违法所得的，并处没收违法所得；情节严重的，禁止其一年至二年内代理依法必须进行招标的项目并予以公告，直至由工商行政管理机关吊销营业执照；构成犯罪的，依法追究刑事责任。给他人造成损失的，依法承担赔偿责任。

前款所列行为影响中标结果的，中标无效。

《招标投标法实施条例》

第四十九条　评标委员会成员应当依照招标投标法和本条例的规定，按照招标文件规定的评标标准和方法，客观、公正地对投标文件提出评审意见。招标文件没有规定的评标标准和方法不得作为评标的依据。

评标委员会成员不得私下接触投标人,不得收受投标人给予的财物或者其他好处,不得向招标人征询确定中标人的意向,不得接受任何单位或者个人明示或者暗示提出的倾向或者排斥特定投标人的要求,不得有其他不客观、不公正履行职务的行为。

第七十一条　评标委员会成员有下列行为之一的,由有关行政监督部门责令改正;情节严重的,禁止其在一定期限内参加依法必须进行招标的项目的评标;情节特别严重的,取消其担任评标委员会成员的资格:

(一)应当回避而不回避;

(二)擅离职守;

(三)不按照招标文件规定的评标标准和方法评标;

(四)私下接触投标人;

(五)向招标人征询确定中标人的意向或者接受任何单位或者个人明示或者暗示提出的倾向或者排斥特定投标人的要求;

(六)对依法应当否决的投标不提出否决意见;

(七)暗示或者诱导投标人作出澄清、说明或者接受投标人主动提出的澄清、说明;

(八)其他不客观、不公正履行职务的行为。

《评标委员会和评标方法暂行规定》

第三十七条　根据综合评估法完成评标后,评标委员会应当拟定一份"综合评估比较表",连同书面评标报告提交招标人。"综合评估比较表"应当载明投标人的投标报价、所作的任何修正、对商务偏差的调整、对技术偏差的调整、对各评审因素的评估以及对每一投标的最终评审结果。

《工程建设项目施工招标投标办法》

第二十二条　招标代理机构应当在招标人委托的范围内承担招标事宜。招标代理机构可以在其资格等级范围内承担下列招标事宜:

(一)拟订招标方案,编制和出售招标文件、资格预审文件;

(二)审查投标人资格;

(三)编制标底;

(四)组织投标人踏勘现场;

(五)组织开标、评标,协助招标人定标;

(六)草拟合同;

(七)招标人委托的其他事项。

招标代理机构不得无权代理、越权代理,不得明知委托事项违法而进行代理。

招标代理机构不得在所代理的招标项目中投标或者代理投标,也不得为所代理的招标项目的投标人提供咨询;未经招标人同意,不得转让招标代理业务。

案例67　推诿不为

某货物采购项目公开招标,采用经评审的最低投标价法评标,某评标专家提议,为提高评标效率,只审核报价最低的投标文件,只要其没有问题就行,不用审核全部投标文件。

风险辨识

本案的主要风险是评标委员会可能不按规定的方式评标。根据《评标委员会和评标方法暂行规定》第二十三条规定的评标方法,

“评标委员会应当审查每一投标文件是否对招标文件提出的所有实质性要求和条件作出响应”，如果按照某评标专家的提议，评标委员会只审核报价最低的投标人的投标文件，属于推诿不作为，不能客观、公正地履行职务，未遵守职业道德。

风险防控

在评标实践中，有一些评标专家在评标过程中投机取巧、滥竽充数，推诿不作为，严重影响评标质量，应被制止。招标监督主体应该指出该评标专家的错误认识，要求评标委员会严格按照法律法规和招标文件的要求认真评审每一份投标文件，审查并逐项列出投标文件的全部投标偏差。

相关依据

《评标委员会和评标方法暂行规定》

第二十三条　评标委员会应当审查每一投标文件是否对招标文件提出的所有实质性要求和条件作出响应。未能在实质上响应的投标，应当予以否决。

《招标投标法》

第四十四条　评标委员会成员应当客观、公正地履行职务，遵守职业道德，对所提出的评审意见承担个人责任。

评标委员会成员不得私下接触投标人，不得收受投标人的财物或者其他好处。

评标委员会成员和参与评标的有关工作人员不得透露对投标文件的评审和比较、中标候选人的推荐情况以及与评标有关的其他情况。

案例68　拒发澄清

某货物采购项目公开招标，评标时，招标人代表评标专家发现某投标人的分项报价表中所列钢材的价格明显低于其他投标人的报价，提出评标委员会应该给该投标人发送澄清，要求其解释报价低的原因。但评标委员会部分专家认为自己不应该承担该项职责，不同意发送澄清。

风险辨识

本案的风险主要是评标委员会部分专家拒绝发送依法应当发送的澄清，不履行法定职责，损害招标人合法权益。根据《评标委员会和评标方法暂行规定》第二十一条规定，“在评标过程中，评标委员会发现投标人的报价明显低于其他投标报价或者在设有标底时明显低于标底，使得其投标报价可能低于其个别成本的，应当要求该投标人作出书面说明并提供相关证明材料。投标人不能合理说明或者不能提供相关证明材料的，由评标委员会认定该投标人以低于成本报价竞标，应当否决其投标”。

风险防控

投标人以低于成本的价格中标，常常伴随着偷工减料或者恶意索赔的非法行为，给招标企业带来巨大风险。现场招标监督主体应该积极维护企业合法权益，坚决支持招标人评标专家的正当诉求，向评标委员会阐明相关依据，告知其需要承担和履行法定职责，维护招标人的合法权益，监督评标委员会履行义务，依法发送澄清，为招标人化解风险。

相关依据

《评标委员会和评标方法暂行规定》

第二十一条　在评标过程中,评标委员会发现投标人的报价明显低于其他投标报价或者在设有标底时明显低于标底,使得其投标报价可能低于其个别成本的,应当要求该投标人作出书面说明并提供相关证明材料。投标人不能合理说明或者不能提供相关证明材料的,由评标委员会认定该投标人以低于成本报价竞标,应当否决其投标。

案例 69　拒判真伪

某招标项目评标,招标人代表评标专家发现某投标文件中提供的发票与其他投标人提供的同类型发票有较大区别,可能造假,要求评标委员会对其真假进行判定,部分外聘专家认为评标专家没有判定投标文件材料真假的义务,只要投标人提供了发票就行。

风险辨识

本案的风险主要是部分外聘评标专家推卸责任,不辨别发票真伪,拒不履行法定义务,可能导致评审错误,使投标人通过造假骗取中标,损害招标人的合法权益。根据《评标委员会和评标方法暂行规定》第二十条的规定,“在评标过程中,评标委员会发现投标人以他人的名义投标、串通投标,以行贿手段谋取中标或者以其他弄虚作假方式投标的,应当否决该投标人的投标”。可见评标委员会有义务判定投标文件相关材料的真伪，并作出是否否决其投标的决定。

风险防控

在评标实践中有一类推诿不为型评标专家，他们在评标时往往“出工不出力”，对所分配的工作推三阻四，对招标人合法合理的诉求置若罔闻。抱着“多一事不如少一事”的心态，为缩短评标时间，不同意招标人或业主单位要求辨别合同业绩真伪、澄清是否低价竞标等合法诉求。该类评标专家缺乏敬业精神，推诿不作为，应该受到批评教育。但是，他们的这些不良行为，只有见证评标全过程的主体才能发现，而这些不良行为对中标结果和招标人、投标人的合法权益都有重大影响。更加说明对评标过程进行现场监督的必要性和重要性。本案如果有现场招标监督主体，便可向评标委员会宣读法律法规的规定，使其明确应承担判定发票真伪的义务和责任。可通过网络或电话查询辨别发票真伪，如果不能明确判定真伪可在评标报告中说明情况；而不应推卸责任，放任不管。

相关依据

《招标投标法实施条例》

第五十一条　有下列情形之一的，评标委员会应当否决其投标：

（一）投标文件未经投标单位盖章和单位负责人签字；

（二）投标联合体没有提交共同投标协议；

（三）投标人不符合国家或者招标文件规定的资格条件；

（四）同一投标人提交两个以上不同的投标文件或者投标报价，但招标文件要求提交备选投标的除外；

（五）投标报价低于成本或者高于招标文件设定的最高投标

限价；

（六）投标文件没有对招标文件的实质性要求和条件作出响应；

（七）投标人有串通投标、弄虚作假、行贿等违法行为。

《评标委员会和评标方法暂行规定》

第二十条　在评标过程中，评标委员会发现投标人以他人的名义投标、串通投标、以行贿手段谋取中标或者以其他弄虚作假方式投标的，应当否决该投标人的投标。

案例 70　审查不细

某电厂辅机设备采购项目公开招标，共有 5 个投标人。评标时，评标委员会主任分工，让 5 名评标专家每人负责审核一个投标人的投标文件。后评标委员会主任提出自己负责审核的最低投标报价单位没有提供招标文件要求的“防腐具体措施详细说明”，应该被否决。大部分专家同意，但有专家反对。于是，主任便组织评标委员会进行表决，主张否决投标的评标专家占多数。但持反对意见的专家经认真审核，又在投标文件中找到了该单位的“防腐具体措施详细说明”。

风险辨识

本案有三大风险：一是评标委员会主任不认真审核投标文件，草率提出否决意见，极易导致评审错误，损害投标人的利益。二是部分评标专家没有认真复核评标委员会主任陈述的情况是否属实，就同意否决意见，都属于不认真评标，没有客观、公正地履行好评审义务。均违反了《评标委员会和评标方法暂行规定》第十三条的规定。三是评标委员会主任的分工也不符合规定。根据《评标委员会和评标方法暂行规定》第二十三条规定，“评标委员会应当审查每一投标文件是否对招标文件提出的所有实质性要求和条件作出响应”，即审核每一投标文件的主体是评标委员会这个整体而不是一名专家。根据分工，一名评标专家负责审核一个投标人的投标文件。该投标人是否通过初审，基本就是这一名专家说了算，有造成评审错误的风险。

风险防控

在评标实践中，为缩短评标时间，很多评标委员会主任在分工时都忽视规定，让一名评标专家负责审核一个投标文件，甚至多个投标文件。投标文件是否能通过初步评审基本上都由这一名专家说了算。这是一种不负责任的工作态度，违反职业道德。现场招标监督主体应当指出评标委员会分工的问题，要求评标委员会集体认真审核每一投标文件，客观、公正地履行职责，遵守职业道德，对所提出的评审意见承担个人责任。

相关依据

《评标委员会和评标方法暂行规定》

第十三条　评标委员会成员应当客观、公正地履行职责，遵守职业道德，对所提出的评审意见承担个人责任。

评标委员会成员不得与任何投标人或者与招标结果有利害关系的人进行私下接触，不得收受投标人、其他利害关系人的财物或者其他好处，不得向招标人征询其确定中标人的意向，不得接受任何单位或者个人明示或者暗示提出的倾向或者排斥特定投标人的要求，不得有其他不客观、不公正履行职务的行为。

第十七条　评标委员会应当根据招标文件规定的评标标准和方法，对投标文件进行系统的评审和比较。招标文件中没有规定的标准和方法不得作为评标的依据。

招标文件中规定的评标标准和评标方法应当合理，不得含有倾向或者排斥潜在投标人的内容，不得妨碍或者限制投标人之间的竞争。

第二十三条　评标委员会应当审查每一投标文件是否对招标文件提出的所有实质性要求和条件作出响应。未能在实质上响应的投标，应当予以否决。

案例71　评审错误

某工程施工项目公开招标，评标委员会因某投标人提供的承诺书不能满足招标文件的规定，判定其未通过初步评审。但招标人在核查该投标人的投标文件时，发现其提供了两份承诺书，两者的内容加在一起就可以满足招标文件的要求。

风险辨识

本案的风险主要是评标委员会没有认真审核投标文件，草率作出否决投标的决定，导致评审错误，影响评标结果，违反相关规定。根据《评标委员会和评标方法暂行规定》第十一条评标委员会成员应当“能够认真、公正、诚实、廉洁地履行职责”，本案的评标委员会未做到“认真”二字，贸然否决投标，有引起投标人不满和投诉的风险，可能拖延采购时间，影响招标人的工程进度。

风险防控

评标工作涉及的金额大，开展的时限紧，评标委员会的权力大、责任重，对其的要求自然也高。评标专家应该谨慎评审。特别是在否决投标的时候，应该发现确切的问题，找到充分的依据，并经多人反复确认无误后，才能否决投标。在评标实践中也经常出现因评委委员会评审错误而导致异议和投诉，而解决这些异议和投诉往往需要把原评标委员的成员全部集中起来，确认和改正错误，浪费了大量的时间，有时甚至严重拖延招标人的采购时间。因此，招标代理机构作为评标工作的组织方应该通过某种方式，如宣读评标纪律，签订承诺书等，提前让评标专家认识到评标工作的严肃性和重要性，更加认真谨慎。同时作为评标专家的管理方，招标代理机构应根据《评标专家和评标专家库管理暂行办法》的规定，建立、完善并严格执行评标专家考核管理制度，实现对每位入选专家的考核，并对考核不合格的评标专家及时进行相应的处理，如列入黑名单、清除出专家库等，确保评标专家依法合规评标，努力降低评标错误率，积极配合改正错误。

相关依据

《评标委员会和评标方法暂行规定》

第十一条　评标专家应符合下列条件：

（一）从事相关专业领域工作满八年并具有高级职称或者同等专业水平；

（二）熟悉有关招标投标的法律法规，并具有与招标项目相关的实践经验；

（三）能够认真、公正、诚实、廉洁地履行职责。

案例 72　擅改评标标准

某公开招标项目，采用综合评估法评标，在评标现场，招标人代表评标专家给评标委员会提供了一份新的评分表，让评标专家们按照此表打分。但部分评标专家发现，该评分表与招标文件中公布的评分表不一致，在各评审因素的分值权重上有较大出入。

风险辨识

本案主要有两大风险：一是招标人代表评标专家擅自改变招标文件的评分表，违反《工程建设施工招标投标办法》第二十八条"在评标过程中，不得改变招标文件中规定的评标标准、方法和中标条件"的规定。二是评标委员会如果按照标人代表评标专家提供的与招标文件规定的评标办法有较大出入的评分表打分，就是不按照招标文件规定的评标标准和方法，客观、公正地对投标文件提出评审意见，也存在违法风险。

风险防控

评标标准和方法通常包括评标方法、评标纪律、评标委员会组成及来源、评审因素及其评审标准、确定中标候选人原则等。根据法律规定，评标标准和方法必须在招标文件中载明。这是公开原则的具体体现，有利于投标人了解招标人的招标目的，有效引导投标人编制高质量投标文件；有利于加强相关主体和社会的监督，提高招标投标活动的透明度，防止暗箱操作。因此，在评标的过程中，不得随意增加、删减评审因素,也不得调整每个评审因素的评审标准和权重。评标委员会应当拒绝业主单位评标专家的不当要求,严格按照招标文件规定的标准和方法打分。然而在评标实践中,许多评标专家倾向于听从招标人的安排,需要有现场监督主体来维持评标纪律,立即制止招标人代表评标专家的违法行为,对其进行震慑。

相关依据

《招标投标法实施条例》

第四十九条　评标委员会成员应当依照招标投标法和本条例的规定,按照招标文件规定的评标标准和方法,客观、公正地对投标文件提出评审意见。招标文件没有规定的评标标准和方法不得作为评标的依据。

评标委员会成员不得私下接触投标人,不得收受投标人给予的财物或者其他好处,不得向招标人征询确定中标人的意向,不得接受任何单位或者个人明示或者暗示提出的倾向或者排斥特定投标人的要求,不得有其他不客观、不公正履行职务的行为。

《评标委员会和评标方法暂行规定》

第十七条　评标委员会应当根据招标文件规定的评标标准和方法,对投标文件进行系统的评审和比较。招标文件中没有规定的标准和方法不得作为评标的依据。

招标文件中规定的评标标准和评标方法应当合理,不得含有倾向或者排斥潜在投标人的内容,不得妨碍或者限制投标人之间的竞争。

《工程建设施工招标投标办法》

第二十八条　招标文件应当明确规定的所有评标因素,以及如何将这些因素量化或者据以进行评估。

在评标过程中，不得改变招标文件中规定的评标标准、方法和中标条件。

案例 73　忽略初审

某工程建设施工项目公开招标，采用综合评估法评审。评标时，评标委员会主任说：这些投标单位都是国内的大单位，应该都具备招标文件要求的资质和能力，可以直接打分。

风险辨识

本案主要有两大风险：一是评标委员会可能忽略初审，不按招标文件规定的标准和方法评标，违反《招标投标法实施条例》第四十九条的规定。法律法规和招标文件都明确规定了采用综合评估法评标的程序，首先要进行初步评审，只有通过初步评审的投标人才能进入详细评审，在详细评审阶段，评标委员会通过打分给投标人排序确定推荐的中标候选人。不进行初步评审就直接进入详细评审的打分环节显然不符合规定。二是评标委员会省略初步评审很有可能将不符合招标文件实质性规定的投标人推荐为中标候选人，造成评审错误，损害招标人的利益。

风险防控

在评标实践中有一类盲目自大型评标专家，他们在评标时往往不屑于认真审查投标文件，仅仅凭着自己对行业的一知半解，就对投标单位评头论足，不是保证“这家肯定没问题”，就是打包票“那家一定做不了”，根本无视投标文件是否在实质上响应招标文件，完全凭经验评标。该类评标专家不熟悉评标的法定流程，缺乏评标专家的职业素养，虽然具有一定的专业水平，但往往热衷于破坏规则，成为害群之马。本案现场招标监督主体应该立即制止评标委员会主任的不当言论，给评标委员会宣读相关法律规定，指出违法违规风险，要求其严格按照招标文件规定的程序评标，不得省略初步评审环节。

相关依据

《招标投标法实施条例》

第四十九条　评标委员会成员应当依照招标投标法和本条例的规定，按照招标文件规定的评标标准和方法，客观、公正地对投标文件提出评审意见。招标文件没有规定的评标标准和方法不得作为评标的依据。

评标委员会成员不得私下接触投标人，不得收受投标人给予的财物或者其他好处，不得向招标人征询确定中标人的意向，不得接受任何单位或者个人明示或者暗示提出的倾向或者排斥特定投标人的要求，不得有其他不客观、不公正履行职务的行为。

《评标委员会和评标方法暂行规定》

第十七条　评标委员会应当根据招标文件规定的评标标准和方法，对投标文件进行系统的评审和比较。招标文件中没有规定的标准和方法不得作为评标的依据。

招标文件中规定的评标标准和评标方法应当合理，不得含有倾向或者排斥潜在投标人的内容，不得妨碍或者限制投标人之间的竞争。

案例74 权责不清

某设备采购项目招标,采用资格后审的方式评标,评标委员会发现某投标人的投标文件中没有提供营业执照,不满足招标文件的要求,准备否决其投标。但招标人代表评标专家提出,该投标人在购买招标文件时已经向招标代理机构出示过其营业执照,他们应该审核过,没有问题,否则也不会卖给他招标文件。评标专家们纷纷表示同意。

风险辨识

本案的风险主要是评标委员会没有充分履行评标职责,违反相关规定。《评标委员会和评标方法暂行规定》第二十三条规定,“评标委员会应当审查每一投标文件是否对招标文件提出的所有实质性要求和条件作出响应。未能在实质上响应的投标,应当予以否决”。根据本条,一是只有评标委员会有权判断投标人是否满足招标文件的要求,其他主体,如招标代理机构没有这一权力。其判断也没有效力,不能作为评标的依据;二是评标委员会只能根据投标文件对招标文件的响应情况判断投标人是否满足要求,其他因素不能作为评标依据,如招标代理机构曾经作出的判断。本案某投标人的投标文件中没有提供营业执照,未响应招标文件的实质性要求,评标委员会应该将其废标。如果仅以该投标人在购买招标文件时出示了营业执照,买到了招标文件就判断其满足要求,就是将招标文件中没有规定的标准和方法作为评标的依据,违反了法律法规。

风险防控

根据《评标专家和评标专家库管理暂行办法》的规定，入选评标专家库的专家，必须熟悉有关招标投标的法律法规。然而在评标实践中，有很多评标专家具有专业水平，但缺乏法律常识甚至职业道德。目前，多数招标代理机构在评标专家库的专家准入上，只注重对职称、学历、经验等专业水平的评审，缺乏对招投标法律法规掌握情况、职业道德水平及评标历史表现的考量，致使许多有专业无规矩、高职称低底线的不良专家进入评标专家库。招标代理机构应在评标专家库的准入机制增加对招投标法律法规及专家职业道德的评审环节，只有经评审，认定为知法、懂法，熟悉招投标流程，具有良好职业道德的专家才能入库，获得评标资格。本案现场招标监督主体应该告知评标委员会相关依据，并要求其认清权责，依法依规作出评审，坚持实事求是，作出正确的判断。

相关依据

《评标委员会和评标方法暂行规定》

第十七条　评标委员会应当根据招标文件规定的评标标准和方法，对投标文件进行系统的评审和比较。招标文件中没有规定的标准和方法不得作为评标的依据。

招标文件中规定的评标标准和评标方法应当合理，不得含有倾向或者排斥潜在投标人的内容，不得妨碍或者限制投标人之间的竞争。

第二十三条　评标委员会应当审查每一投标文件是否对招标文件提出的所有实质性要求和条件作出响应。未能在实质上响应的投标，应当予以否决。

案例 75　擅降资格

某设备采购项目招标，评标期间，评标委员会发现 4 家投标单位均不满足招标文件资格要求中的一项规定，准备否决全部投标。但某招标人代表评标专家解释说，是因招标文件编制人员缺乏经验，提出了不符合实际情况的要求。但为了节省采购时间，让评标委员会忽略此项要求，继续评标。

风险辨识

本案主要有三大风险：一是某招标人代表评标专家要求评标委员会忽略招标文件要求，擅自降低资格条件，非法干预、影响评标的过程和结果，违反《招标投标法》第三十八条的规定。二是如果评标委员会忽略招标文件的资格要求继续评标，属于不按招标文件规定的标准和方法评标，违反《招标投标法实施条例》第四十九条的规定。三是忽略此项资格要求可能对因此要求限制而未能参与投标的其他潜在投标人不公平，违反公平原则，可能引起潜在投标人的投诉。

风险防控

在评标实践中，经常出现评标委员会擅自改变或者通过误读曲解变相改变招标文件规定的资格条件的情况。有些改变存在主观故意，为谋求特定投标人中标或者排斥特定投标人，但有些改变也确是因为资格条件的规定不切实际或不合情理。导致这一问题的原因主要是招标文件编制人员的招标采购专业水平不高，对招标项目的特点不熟悉，缺乏采购经验，外行干内行的事。招标企业要加强对专业招标采购人员特别是招标文件编制人员的准入、培训和考核管理，设置从业门槛，鼓励学习提高，建立失误失职惩处机制，提升招标采购的专业化水平。本案中如果有现场招标监督主体，可以立即制止某招标人代表评标专家的违规言行，阻止其随意放宽资格条件，并要求评标委员会严格按照招标文件的规定客观、公正地评标。

相关依据

《招标投标法》

第三十八条　招标人应当采取必要的措施，保证评标在严格保密的情况下进行。

任何单位和个人不得非法干预、影响评标的过程和结果。

《招标投标法实施条例》

第四十九条　评标委员会成员应当依照招标投标法和本条例的规定，按照招标文件规定的评标标准和方法，客观、公正地对投标文件提出评审意见。招标文件没有规定的评标标准和方法不得作为评标的依据。

评标委员会成员不得私下接触投标人，不得收受投标人给予的财物或者其他好处，不得向招标人征询确定中标人的意向，不得接受任何单位或者个人明示或者暗示提出的倾向或者排斥特定投标人的要求，不得有其他不客观、不公正履行职务的行为。

案例76　两个报价

某招标项目开标时，唱标人唱出某投标人《开标报价信》中的投标总价（大小写一致）为54万元，而其他各投标人的投标报价均在

400 万—600 万元之间。评标时评标委员会发现其投标文件中《投标价格总表》的投标总价为 540 万元。部分评标专家认为该投标人《开标报价信》中的报价明显存在算数性错误，应该以投标文件中《投标价格总表》的报价为准评标。

风险辨识

本案的风险主要是部分评标专家认为某投标人"《开标报价信》中的报价是算数性错误，应以其投标文件中《投标价格总表》的报价为准评标"，属不按招标文件规定的标准评标，违反《招标投标法实施条例》第四十九条的规定。本案招标文件中明确规定，"在投标文件中有两个以上的总价（除招标文件要求外）且未明确哪个报价有效，视为无效投标"。该投标人在《开标报价信》中有一个投标总价（大小写一致）为 54 万元，在投标价格总表中又有一个投标总价，为 540 万元，且未明确哪个报价有效，根据招标文件的规定应视为无效投标。

风险防控

根据法律规定，评标委员会成员应当客观公正地对投标文件提出评审意见。客观，就是要求评标委员会成员作出的结论要建立在事实的基础上，实事求是。在评审投标文件时，要按照招标文件确定的标准和方法对投标文件进行审查和比较，作出客观的分析和评价；而不能像本案中的部分评标专家一样主观臆断，想当然地认为投标人《开标报价信》上的报价写错了，简单地将其归为可以忽视的算数性错误。本案中如果有现场监督主体，就应该立即纠正部分评标专家的违规行为，要求评标委员会严格按照招标文件的规定评标，否决无效投标。

相关依据

《招标投标法实施条例》

第四十九条　评标委员会成员应当依照招标投标法和本条例的规定,按照招标文件规定的评标标准和方法,客观、公正地对投标文件提出评审意见。招标文件没有规定的评标标准和方法不得作为评标的依据。

评标委员会成员不得私下接触投标人,不得收受投标人给予的财物或者其他好处,不得向招标人征询确定中标人的意向,不得接受任何单位或者个人明示或者暗示提出的倾向或者排斥特定投标人的要求,不得有其他不客观、不公正履行职务的行为。

第五十一条　有下列情形之一的,评标委员会应当否决其投标:

(一)投标文件未经投标单位盖章和单位负责人签字;

(二)投标联合体没有提交共同投标协议;

(三)投标人不符合国家或者招标文件规定的资格条件;

(四)同一投标人提交两个以上不同的投标文件或者投标报价,但招标文件要求提交备选投标的除外;

(五)投标报价低于成本或者高于招标文件设定的最高投标限价;

(六)投标文件没有对招标文件的实质性要求和条件作出响应;

(七)投标人有串通投标、弄虚作假、行贿等违法行为。

案例77　否决依据不足

某货物采购项目公开招标,评标过程中有一位评标专家提出,具他了解的内部消息，某投标单位的法人代表已经卷入了一个腐败案件，正在接受调查，如果该投标单位中标，很可能因其法人代表的问题影响之后的合同签订和货物交割，最好在资格审查时就将该投标人排除掉。

风险辨识

本案的主要风险是评标委员会可能将招标文件没有规定的标准和方法作为评标依据，违反《招标投标法实施条例》第四十九条的规定，某评标专家提供的"某投标人的法人卷入腐败案件正在被调查"的信息的真实性无从考证，不能作为否决其投标的理由。同时，即使该信息真实，是否能够否决其投标也要看招标文件规定的否决条款有无相应的规定，如果没有规定，评标委员会就贸然否决该投标单位，属违规操作，也极易因排斥特定投标人而被投诉。

风险防控

评标委员会评标的过程就是审查投标文件对招标文件响应程度的过程。这两种文件之外的信息，特别是那些评标专家个人道听途说的未经证实的小道消息不能作为评标的理由或依据。评标专家应该具有职业素养，清醒地认识到这一点。本案中如果有现场招标监督主体，可以指出某评标专家所提供的信息存在的问题，要求评标委员会严格依据招标文件的规定进行评标，以真实有效的材料作为评标依据作出判断。另外根据法律规定，即使该单位被推荐为中标候选人，如果其确实存在问题，招标人也可以对其进行履约能力审查，避免损失。

相关依据

《招标投标法实施条例》

第四十九条　评标委员会成员应当依照招标投标法和本条例的规定,按照招标文件规定的评标标准和方法,客观、公正地对投标文件提出评审意见。招标文件没有规定的评标标准和方法不得作为评标的依据。

评标委员会成员不得私下接触投标人,不得收受投标人给予的财物或者其他好处,不得向招标人征询确定中标人的意向,不得接受任何单位或者个人明示或者暗示提出的倾向或者排斥特定投标人的要求,不得有其他不客观、不公正履行职务的行为。

第五十六条　中标候选人的经营、财务状况发生较大变化或者存在违法行为,招标人认为可能影响其履约能力的,应当在发出中标通知书前由原评标委员会按照招标文件规定的标准和方法审查确认。

案例78　附条件推荐

某货物采购项目公开招标,采用经评审的最低投标价法评标。评标委员会向招标人提交的评标报告上写明,4个投标人均通过初步评审,但推荐次低投标价单位为第一中标候选人,同时注明:如果最低投标价单位经业主实地考察满足要求,就推荐其为第一中标候选人。

风险辨识

本案的风险主要是评标委员会以不合理的条件排斥和限制最低投标价单位，将招标文件中没有规定的评标标准作为评标的依据，违反《招标投标法实施条例》第四十九条的规定。本案采用经评审的最低投标价法评标，能够满足招标文件的实质性要求，并且经评审的最低投标价的投标，应当推荐为中标候选人。招标文件的评标标准并没有关于“满足业主实地考察需求”的规定，评标委员会要求最低投标价单位满足该条件后再推荐，损害其合法权益，对其不公平，极易引起投诉。

风险防控

本案评标委员会的评审结论非常有趣，不但推荐了两个第一中标候选人，做到了谁也不得罪，还巧妙地把选择的责任和主动权赋予了业主单位。但万万没有想到的是这样的结论正是其将招标文件中没有规定的评标标准作为评标依据的明显而有力的证据。有关行政监督部门应根据《招标投标法实施条例》第七十一条的规定，认定评标委员会成员“不按照招标文件规定的评标标准和方法评标”的违规行为，并视情节轻重给予责令改正；禁止其在一定期限内参加依法必须进行招标的项目的评标；取消其担任评标委员会成员的资格的处理。

相关依据

《评标委员会和评标方法暂行规定》

第三十一条　根据经评审的最低投标价法，能够满足招标文件的实质性要求,并且经评审的最低投标价的投标,应当推荐为中标候选人。

第四十五条　评标委员会推荐的中标候选人应当限定在一至三人,并标明排列顺序。

《招标投标法实施条例》

第四十九条　评标委员会成员应当依照招标投标法和本条例的规定,按照招标文件规定的评标标准和方法,客观、公正地对投标文件提出评审意见。招标文件没有规定的评标标准和方法不得作为评标的依据。

评标委员会成员不得私下接触投标人,不得收受投标人给予的财物或者其他好处,不得向招标人征询确定中标人的意向,不得接受任何单位或者个人明示或者暗示提出的倾向或者排斥特定投标人的要求,不得有其他不客观、不公正履行职务的行为。

第七十一条　评标委员会成员有下列行为之一的,由有关行政监督部门责令改正;情节严重的,禁止其在一定期限内参加依法必须进行招标的项目的评标;情节特别严重的,取消其担任评标委员会成员的资格:

(一)应当回避而不回避;

(二)擅离职守;

(三)不按照招标文件规定的评标标准和方法评标;

(四)私下接触投标人;

(五)向招标人征询确定中标人的意向或者接受任何单位或者个人明示或者暗示提出的倾向或者排斥特定投标人的要求;

(六)对依法应当否决的投标不提出否决意见;

(七)暗示或者诱导投标人作出澄清、说明或者接受投标人主动提出的澄清、说明；

（八）其他不客观、不公正履行职务的行为。

案例79　变相征询意向

某工程建设施工项目公开招标，采用综合评估法评标，在技术评分之前，评标委员会主任问招标人代表评标专家对这些投标人还有什么意见或看法？哪个投标人曾在本单位干过，干得怎么样？

风险辨识

本案的风险主要是评标委员会主任变相向招标人征询确定中标人的意向，违反《招标投标法实施条例》第四十九条的规定。招标人代表评标专家已经在评标之前向评标委员会介绍了项目的概况，提供了项目的基本信息。评标委员会主任在技术评分这个关键时点又安排招标人代表评标专家评价各投标单位，让其有机会明示或暗示自己的倾向，使评标委员会成员了解招标人的倾向，以便在评分时给予倾斜或照顾，明显属于变相征询确定中标人的意向。

风险防控

在评标实践中，经常有一些评标专家为了讨好招标人，故意创造机会变相地向招标人代表征询确定中标人的意见，与招标人代表串通一气，谋求特定投标人中标。本案的招标人代表已经在评标之前介绍过项目的基本情况；而评标委员会主任却在技术评分之前再一次邀请招标人代表阐明意见，引导其对各投标人进行评价，表明态度，显然是在向评标委员会的其他成员释放倾向信号，引导他们进行评分，评出令招标人代表满意的结果。此种违法违规行为在评标实践中十分常见，且直接影响着评标结果的公正性；但只有现场监督主体才能当场发现、当场纠正，避免其不利影响，保证公正评标。

相关依据

《招标投标法实施条例》

第四十九条　评标委员会成员应当依照招标投标法和本条例的规定，按照招标文件规定的评标标准和方法，客观、公正地对投标文件提出评审意见。招标文件没有规定的评标标准和方法不得作为评标的依据。

评标委员会成员不得私下接触投标人，不得收受投标人给予的财物或者其他好处，不得向招标人征询确定中标人的意向，不得接受任何单位或者个人明示或者暗示提出的倾向或者排斥特定投标人的要求，不得有其他不客观、不公正履行职务的行为。

第七十一条　评标委员会成员有下列行为之一的，由有关行政监督部门责令改正；情节严重的，禁止其在一定期限内参加依法必须进行招标的项目的评标；情节特别严重的，取消其担任评标委员会成员的资格：

（一）应当回避而不回避；

（二）擅离职守；

（三）不按照招标文件规定的评标标准和方法评标；

（四）私下接触投标人；

（五）向招标人征询确定中标人的意向或者接受任何单位或者个人明示或者暗示提出的倾向或者排斥特定投标人的要求；

（六）对依法应当否决的投标不提出否决意见；

（七）暗示或者诱导投标人作出澄清、说明或者接受投标人主动提出的澄清、说明；

（八）其他不客观、不公正履行职务的行为。

案例80　接受倾向

某货物采购项目公开招标，共4家单位投标。初步审核时，1家投标单位因提供的资质证明文件过期而被否决投标。其余3家单位通过初审。招标人代表评标专家对评标委员会说："剩下的3家单位都是小企业，也没有合作过，不知道行不行。"评标委员会主任说："你们要觉得不行，也好办。我们从剩下3家的投标文件中找问题，只要能再否决1家，就可按竞争性不足否决全部投标，你们再重新招标。"于是评标委员会专家再次进行初步审核，开始查找其他三份投标文件中不响应招标文件的重大偏差。

风险辨识

本案的风险主要是评标委员会接受招标人代表评标专家暗示的倾向，想方设法排斥特定投标人，违反《招标投标法实施条例》第四十九条评标委员会成员"不得接受任何单位或者个人明示或者暗示提出的倾向或者排斥特定投标人的要求"的规定。招标人代表评标专家说"剩下的3家单位都是小企业，也没有合作过，不知道行不行"，明显是在暗示不想与这3家单位合作，评标委员会主任积极为招标人代表评标专家出谋划策，企图通过再次初审，吹毛求疵，达到排斥其他投标人的目的，评标委员会其他成员没有提出反对意见，也参与其中,均属接受倾向,排斥特定投标人,不公平公正评标,损害投标人的合法权益。

风险防控

在评标实践中有一类"业主工具型"评标专家。这类专家在评标时唯业主马首是瞻,只为业主考虑,为业主服务,是业主达成目标的工具。他们或主动询问业主的意见,或接受业主明示、暗示的倾向,或从项目情况介绍中揣摩业主的心思,如果发现业主不想用哪家投标单位,就会仔细审查其标书,努力寻找可以否决其投标的蛛丝马迹,甚至吹毛求疵也要把该单位否决掉;如果感到业主倾向于选择哪家投标单位,便可曲解要求,放宽标准,忽略偏差,修改打分,违规澄清,甚至更改评标结果,想方设法让其中标。该类评标专家不具职业操守,破坏评标规则,应当受到惩治。本案的现场招标监督主体应该立即纠正评标委员会的违规行为,不得接受暗示,以非法的目的重新进行初审,要求其依法公平公正独立评审。如果评标委员会继续其违规行为,可依据《招标投标法实施条例》第七十一条进行处理。

相关依据

《招标投标法实施条例》

第四十九条　评标委员会成员应当依照投标法和本条例的规定,按照招标文件规定的评标标准和方法,客观、公正地对投标文件提出评审意见。招标文件没有规定的评标标准和方法不得作为评标的依据。

评标委员会成员不得私下接触投标人,不得收受投标人给予的财物或者其他好处,不得向招标人征询确定中标人的意向,不得接受任何单位或者个人明示或者暗示提出的倾向或者排斥特定投标人的要求,不得有其他不客观、不公正履行职务的行为。

第七十一条　评标委员会成员有下列行为之一的,由有关行政监督部门责令改正;情节严重的,禁止其在一定期限内参加依法必须进行招标的项目的评标;情节特别严重的,取消其担任评标委员会成员的资格:

(一)应当回避而不回避;

(二)擅离职守;

(三)不按照招标文件规定的评标标准和方法评标;

(四)私下接触投标人;

(五)向招标人征询确定中标人的意向或者接受任何单位或者个人明示或者暗示提出的倾向或者排斥特定投标人的要求;

(六)对依法应当否决的投标不提出否决意见;

(七)暗示或者诱导投标人作出澄清、说明或者接受投标人主动提出的澄清、说明;

(八)其他不客观、不公正履行职务的行为。

案例 81　高价中标

某依法应当公开招标的项目,共 3 家单位投标。初步评审时,1 家投标人的投标文件中未提供营业执照,1 家投标人未按规定提交投标保证金,均被否决投标。只有 1 家投标人通过了初步评审,但它的投标报价最高,明显高于其他两家的投标报价。评标委员会部分专家认为投标缺乏竞争性,应该否决全部投标。但招标人代表评标专家说他们可以接受这个报价。要求评标委员会继续评标,推荐最高报价投标单位为中标候选人。

风险辨识

本案的风险主要是可能导致高价中标,损害招标人的利益。根据《评标委员会和评标方法暂行规定》第二十七条的规定,"因有效投标不足三个使得投标明显缺乏竞争的,评标委员会可以否决全部投标"。本案共3家单位投标,其中两家是由于未提交营业执照和未提交投标保证金这种比较低级的错误而导致被否决投标,有陪标的嫌疑。仅剩的1家投标人报价最高,且明显高于其他两个投标人,使投标明显缺乏竞争。招标人代表评标专家说他们可以接受这个报价,并不代表这个高价合理。评标委员会本着对招标人负责的态度应该否决全部投标。

风险防控

在评标实践中,有一种很奇怪的现象,就是招标人派出的招标人代表评标专家在评标的过程中不为招标人考虑,不主动维护招标人的合法权益和利益,有的甚至为确保某个投标人中标而损害招标人的利益。这种缺乏责任意识和职业道德的招标人代表评标专家很可能与投标人相互串通,利用评标权搞权钱交易,谋取私利。因此,招标人应该慎重选派评标专家,让具有职业道德,既懂专业又懂招标业务的专业人员担任评标专家。同时制定规章制度加大对不公正评标、不维护或损害招标人合法权益的评标专家的责任追究。使招标人代表评标专家真正代表招标人的利益。

相关依据

《评标委员会和评标方法暂行规定》

第二十七条　评标委员会根据本规定第二十条、第二十一条、第二十二条、第二十三条、第二十五条的规定否决不合格投标后，因有效投标不足三个使得投标明显缺乏竞争的，评标委员会可以否决全部投标。

投标人少于三个或者所有投标被否决的，招标人在分析招标失败的原因并采取相应措施后，应当依法重新招标。

《招标投标法实施条例》

第七十一条　评标委员会成员有下列行为之一的，由有关行政监督部门责令改正；情节严重的，禁止其在一定期限内参加依法必须进行招标的项目的评标；情节特别严重的，取消其担任评标委员会成员的资格：

（一）应当回避而不回避；

（二）擅离职守；

（三）不按照招标文件规定的评标标准和方法评标；

（四）私下接触投标人；

（五）向招标人征询确定中标人的意向或者接受任何单位或者个人明示或者暗示提出的倾向或者排斥特定投标人的要求；

（六）对依法应当否决的投标不提出否决意见；

（七）暗示或者诱导投标人作出澄清、说明或者接受投标人主动提出的澄清、说明；

（八）其他不客观、不公正履行职务的行为。

案例 82　澄清增加采购量

某货物采购项目公开招标，评标时，招标人代表评标专家发现招标文件中规定的采购数量不足，为了提高采购效率，提出让评标委员会给所有投标人发送澄清，要求增加货物供应量，但投标报价不变。

风险辨识

本案的风险主要是招标人代表评标专家要求评标委员会滥发澄清，违反法律法规。根据《招标投标法》第三十九条、《招标投标法实施条例》第五十二条以及《评标委员会和评标方法暂行规定》第十九条规定，只有投标文件中存在含义不明确、不一致或者有明显文字和计算错误的内容这些法定条件时，评标委员会才能发送澄清。本案招标人代表评标专家要求评标委员会发送澄清的目的是增加采购量，弥补招标文件的不足，不符合发送澄清的法定条件。况且招标人代表评标专家企图通过发送澄清让投标人在不改变投标报价的前提下增加供货量，成功的可能性很小，即便投标人同意，因采购数量的变化也会使其澄清的内容超出投标文件的范围，改变投标文件的实质性内容，也违反相关规定。

风险防控

在评标实践中，有很多评标专家特别是招标人代表评标专家对澄清的理解存在误区。把澄清当作了弥补不足、提供机会、透露信息、讨价还价的渠道。《招标投标法》第三十九条、《招标投标法实施条例》第五十二条以及《评标委员会和评标方法暂行规定》第十九条明确规定了发起澄清的条件、澄清的方式以及相关的禁止性规定。在发送澄清的过程中应该明确以下几个问题:一是澄清发起的法定主体是评标委员会,只有评标委员会能够启动澄清程序,其他相关主体,不论是招标人、招标代理机构或是行政监督部门,均无权发起澄清。二是评标委员会只有在投标文件出现法定情况时才能要求澄清,法定情况包括投标文件中存在含义不明确、不一致或者有明显文字和计算错误,以及投标人的报价明显低于其他投标报价或者明显低于标底。三是评标委员会的澄清不得违反相关禁止性规定。如不得暗示或者诱导投标人作出澄清、说明,不得接受投标人主动提出的澄清、说明。不得提出带有暗示性或者诱导性的问题,或者向投标人明确其投标文件中的遗漏和错误,以澄清之名,给特定投标人后补实质性偏差的机会。四是澄清应当以书面方式进行。评标委员会以书面方式提出澄清要求,投标人也应以书面方式提供澄清、说明或补正,通常投标人和评标委员会不得借澄清的机会进行当面交流,以免破坏封闭评标,泄露专家名单和评标信息。五是投标人的澄清不得超出投标文件的范围或者改变投标文件的实质性内容。不能提出投标文件中没有的新的投标内容,也不得通过澄清修正或撤销不符合要求的差异。

相关依据

《招标投标法》

第三十九条　评标委员会可以要求投标人对投标文件中含义不明确的内容作必要的澄清或者说明,但是澄清或者说明不得超出投标文件的范围或者改变投标文件的实质性内容。

《招标投标法实施条例》

第五十二条　投标文件中有含义不明确的内容、明显文字或者计算错误，评标委员会认为需要投标人作出必要澄清、说明的，应当书面通知该投标人。投标人的澄清、说明应当采用书面形式，并不得超出投标文件的范围或者改变投标文件的实质性内容。

评标委员会不得暗示或者诱导投标人作出澄清、说明，不得接受投标人主动提出的澄清、说明。

《评标委员会和评标方法暂行规定》

第十九条　评标委员会可以书面方式要求投标人对投标文件中含义不明确、不一致或者有明显文字和计算错误的内容作必要的澄清、说明或者补正，澄清、说明或者补正应以书面方式进行并不得超出投标文件的范围或者改变投标文件的实质性内容。

投标文件中的大写金额和小写金额不一致的，以大写金额为准；总价金额与单价金额不一致的，以单价金额为准，但单价金额小数点有明显错误的除外。

《工程建设项目施工招标投标办法》

第五十二条　投标文件不响应招标文件的实质性要求和条件的，评标委员会不得允许投标人通过修正或撤销其不符合要求的差异或保留，使之成为具有响应性的投标。

案例83　电话澄清

某招标项目评标，评标委员会发现某投标人的投标文件中写明的供货期前后不一致。有评标专家提出给该投标人打个电话，确认一下供货期到底以哪个为准。

风险辨识

本案的风险主要是评标委员会以打电话的方式发送澄清，不符合相关规定，澄清结果也缺乏法律依据和效力。根据《工程建设货物招标投标办法》第四十二条的规定，评标委员会发现投标文件中对同类问题表述不一致的情况可以进行澄清，本案中供货期是一个重要的实质性内容，评标委员会对投标文件中供货期前后不一致的情况应该也可以进行澄清。但根据《招标投标法实施条例》第五十二条规定，“评标委员会认为需要投标人作出必要澄清、说明的，应当书面通知该投标人。投标人的澄清、说明应当采用书面形式”。本案的评标委员会如果按照某评标专家的提议，以打电话的方式进行口头澄清不符合法规要求。同时在电话中得到投标人的口头承诺，也不具有法律效力，以此为依据作出评审结论风险较大。

风险防控

评标委员会以书面形式告知投标人有关澄清、说明的内容和要求，有利于准确传递信息，确保投标人准确把握。同时，投标人应评标委员会要求所做的澄清、说明对投标人有约束力，在一定意义上等同于投标文件的一部分，应当采用书面形式，才能确保法律效力。本案评标委员会应该按照法律规定以书面形式向投标人发出澄清，并要求其以有效的书面形式（加盖公章或签字）回复，确保法律效力。

相关依据

《招标投标法实施条例》

第五十二条　投标文件中有含义不明确的内容、明显文字或者计算错误，评标委员会认为需要投标人作出必要澄清、说明的，应当书面通知该投标人。投标人的澄清、说明应当采用书面形式，并不得超出投标文件的范围或者改变投标文件的实质性内容。

评标委员会不得暗示或者诱导投标人作出澄清、说明，不得接受投标人主动提出的澄清、说明。

《工程建设货物招标投标办法》

第四十二条　评标委员会可以书面方式要求投标人对投标文件中含义不明确、对同类问题表述不一致或者有明显文字和计算错误的内容作必要的澄清、说明或补正。评标委员会不得向投标人提出带有暗示性或诱导性的问题，或向其明确投标文件中的遗漏和错误。

案例 84　当面澄清

某工程施工项目公开招标，评标期间，某招标人代表评标专家提出对某投标单位投标文件中所述的技术方案不放心，需要让投标人到评标现场，当面澄清一下。

风险辨识

本案如果让某投标人到评标现场澄清存在三大风险，一是，违反《招标投标法实施条例》第五十二条的规定，“评标委员会认为需要投标人作出必要澄清、说明的，应当书面通知该投标人。投标人的澄清、说明应当采用书面形式”。二是当面澄清必然会使某投标人与评标委员会的评标专家见面交谈，会泄露评标专家的信息，违反《招标投标法》第三十七条和第三十八条规定，评标应当在严格保密的情况下进行，且评标委员会成员的名单在中标结果确定前应当保密。

三是评标委员会单独与某一投标人当面交流可能引起其他投标人的误会或投诉。

风险防控

评标委员会应当拒绝某招标人代表评标专家要求某投标人到评标现场进行当面澄清的提议，严格按照法律法规规定的澄清的条件和方式操作，不得违规澄清。

相关依据

《招投投标法》

第三十七条　评标由招标人依法组建的评标委员会负责。

评标委员会成员的名单在中标结果确定前应当保密。

依法必须进行招标的项目，其评标委员会由招标人的代表和有关技术、经济等方面的专家组成，成员人数为五人以上单数，其中技术、经济等方面的专家不得少于成员总数的三分之二。

前款专家应当从事相关领域工作满八年并具有高级职称或者具有同等专业水平，由招标人从国务院有关部门或者省、自治区、直辖市人民政府有关部门提供的专家名册或者招标代理机构的专家库内的相关专业的专家名单中确定；一般招标项目可以随机抽取方式，特殊招标项目可以由招标人直接确定。

与投标人有利害关系的人不得进入相关项目的评标委员会；已经进入的应当更换。

第三十八条　招标人应当采取必要的措施，保证评标在严格保密的情况下进行。

任何单位和个人不得非法干预、影响评标的过程和结果。

《招标投标法实施条例》

第五十二条　投标文件中有含义不明确的内容、明显文字或者计算错误，评标委员会认为需要投标人作出必要澄清、说明的，应当书面通知该投标人。投标人的澄清、说明应当采用书面形式，并不得超出投标文件的范围或者改变投标文件的实质性内容。

评标委员会不得暗示或者诱导投标人作出澄清、说明，不得接受投标人主动提出的澄清、说明。

案例85　滥用澄清

某大型设备采购公开招标，评标时，评标委员会发现某外资企业投标人投标文件提供的法定代表人授权委托书中，被授权代理人签字一栏为空白。评标委员会部分专家认为其不符合招标文件要求，应该否决其投标，而部分专家认为该投标人为外资企业，可能不了解规则，可以给他们发送澄清让其补上签字。

风险辨识

本案主要存在三大风险：一是部分评标专家不按招标文件的规定评标，提出否决意见。招标文件的评标办法中明确规定，“投标文件未按招标文件规定签章的视为无效投标”。并提供了《法定代表人授权委托书》的格式，在被授权代理人一栏后用括号标明需要签字。该投标人提供的法定代表人授权委托书中，被授权代理人一栏为空白，未签字。不符合招标文件的规定，应该视为无效投标，事实非常清楚，没有发送澄清的法定原因，不应发送澄清。二是部分评标专家提议评标委员会给某投标人发送澄清使其弥补被授权代理人的签字，属于向投标人明确投标文件中的遗漏和错误，允许投标人通过修正其不符合要求的差异，成为具有响应性的投标。违反《工程建设项目货物招标投标办法》第四十二条和第四十三条的规定。三是投标文件的《法定代表人授权委托书》中被授权代理人未签字，使其代理行为缺乏合法性，可能造成履约风险。

风险防控

评标委员会应当拒绝部分评标专家违规发送澄清，让特定投标人弥补实质性缺陷的提议。严格按照法律法规规定的澄清条件和方式操作，不得违规澄清。

相关依据

《工程建设项目货物招标投标办法》

第四十二条　评标委员会可以书面方式要求投标人对投标文件中含义不明确、对同类问题表述不一致或者有明显文字和计算错误的内容作必要的澄清、说明或补正。评标委员会不得向投标人提出带有暗示性或诱导性的问题，或向其明确投标文件中的遗漏和错误。

第四十三条　投标文件不响应招标文件的实质性要求和条件的，评标委员会应当作废标处理，并不允许投标人通过修正或撤销其不符合要求的差异或保留，使之成为具有响应性的投标。

案例 86　接受主动澄清

某货物采购项目公开招标，评标期间，经初步评审，甲投标人因交货期不符合招标文件的规定而被否决投标。之后不久，甲投标人向评标委员会递交来一份材料，说明其投标文件中的交货期计算有误，予以更正。更正后的交货期满足了招标文件的要求。评标委员会便同意其进入详细评审。

风险辨识

本案的风险主要是评标委员会接受投标人主动提出的澄清、说明，违反《招标投标法实施条例》第五十二条的规定。投标人在没有接到评标委员会澄清要求的情况下主动提交材料更正交货期，属于主动澄清，且澄清、说明的内容改变了投标文件的实质性内容。评标委员会按照澄清后的交货期评标，让该投标人通过了初步评审，构成接受投标人主动提出的澄清、说明。

风险防控

在招投标实践中几乎没有一份投标文件是尽善尽美的，几乎每一份投标文件均存在需要澄清、说明的问题。澄清是评标委员会在评标过程中与投标人进行必要互动的唯一途径，一方面有利于评标委员会准确地理解投标文件的内容，把握投标人的真实意思表示，从而对投标文件作出更为公正客观的评价；另一方面也有助于消除评标委员会和投标人对招标文件和和投标文件理解上的偏差，避免招标人和中标人在合同履行过程中出现不必要的争议。但是，也确有一些投标人在没有正确和全面理解招标文件要求的情况下准备投标文件，致使投标文件没有完全响应招标文件的实质性要求。通过提出主动的澄清、说明改变投标文件的实质性内容，使原本不合格的投标成为合格的投标。因而，评标委员会应当拒绝接受某投标人主动提出的澄清，严格按照法律法规规定的澄清的条件和方式操作，不得违反相关禁止性规定，不得违背招投标活动应当遵循的公正和公平原则。

相关依据

《招标投标法实施条例》

第五十二条　投标文件中有含义不明确的内容、明显文字或者计算错误，评标委员会认为需要投标人作出必要澄清、说明的，应当书面通知该投标人。投标人的澄清、说明应当采用书面形式，并不得超出投标文件的范围或者改变投标文件的实质性内容。

评标委员会不得暗示或者诱导投标人作出澄清、说明，不得接受投标人主动提出的澄清、说明。

第七十一条　评标委员会成员有下列行为之一的，由有关行政监督部门责令改正；情节严重的，禁止其在一定期限内参加依法必须进行招标的项目的评标；情节特别严重的，取消其担任评标委员会成员的资格：

（一）应当回避而不回避；

（二）擅离职守；

（三）不按照招标文件规定的评标标准和方法评标；

（四）私下接触投标人；

（五）向招标人征询确定中标人的意向或者接受任何单位或者个人明示或者暗示提出的倾向或者排斥特定投标人的要求；

（六）对依法应当否决的投标不提出否决意见；

（七）暗示或者诱导投标人作出澄清、说明或者接受投标人主动提出的澄清、说明；

（八）其他不客观、不公正履行职务的行为。

案例 87 拒绝签字

某设备采购项目公开招标，采用综合评估法评标，当评标委员会经评审准备推荐 3 名中标候选人之时，某招标人代表评标专家却拒绝在评标报告上签字，但又不愿说明理由，还要求给领导打电话汇报推荐情况，再决定是否签字。

风险辨识

本案主要存在两大风险，一是某招标人代表评标专家没有正当理由拒绝在评标报告上签字，不能独立、公平、公正地评标，不能诚实、廉洁地履行职责，不符合评标专家的条件，影响评标工作的正常进行。二是该评标专家提出要先向领导请示才能决定是否签字，有违规透露评标信息的风险，也给领导干预评标创造了条件。

风险防控

在招标实践中，存在很多“先定后招”的情况，本案中的招标人代表评标专家拒绝在评标报告上签字，但又不愿说明理由，恐怕也是有这样的“难言之隐”。本案的现场招标监督主体应首先向某招标人代表评标专家指明其给领导打电话汇报推荐情况的要求违反法律规定，要求其独立公正评标，如果其坚持不在评标报告上签字，可让其以书面形式写明原因，如果不写视为其同意评标委员会的意见。同时，评标专家管理主体应该依照规定对不符合条件的评标专家作出处理。

相关依据

《招标投标法实施条例》

第五十三条　评标完成后，评标委员会应当向招标人提交书面评标报告和中标候选人名单。中标候选人应当不超过三个，并标明排序。

评标报告应当由评标委员会全体成员签字。对评标结果有不同意见的评标委员会成员应当以书面形式说明其不同意见和理由，评标报告应当注明该不同意见。评标委员会成员拒绝在评标报告上签字又不书面说明其不同意见和理由的，视为同意评标结果。

《评标委员会和评标方法暂行规定》

第十四条　评标委员会成员和与评标的有关工作人员不得透露对投标文件的评审和比较、中标候选人的推荐情况以及与评标有关的其他情况。

前款所称参与评标的有关工作人员，是指评标委员会成员以外的因参与评标监督工作或者事务性工作而知悉有关评标情况的所有人员。

案例 88　索要投标文件

某招标项目评标，评标结束后，一名外聘评标专家提出想把某本投标文件的副本带走学习。

风险辨识

本案的风险主要是某外聘评标专家欲将某投标文件带走的要

求,不符合《评标委员会和评标方法暂行规定》第四十四条的规定,有泄露投标人的商业秘密、损害投标人合法权益的风险。根据规定评标委员会向招标人提交书面评标报告和建议后,即告解散。评标过程中使用的文件、表格以及其他资料应当立即归还招标人。

风险防控

投标文件是投标人商务、技术等情况的全面介绍,包含一些重要信息,甚至是商业秘密。招标人不应随意对外泄露投标文件的内容。招标人或招标代理等相关主体应该拒绝某评标专家想带走投标文件的要求并告知其相关依据。

相关依据

《评标委员会和评标方法暂行规定》

第四十四条　向招标人提交书面评标报告和建议后,评标委员会即告解散。评标过程中使用的文件、表格以及其他资料应当立即归还招标人。

案例89　私下接触投标人

某设备采购项目公开招标,评标期间,现场招标监督人接到举报,称有评标专家与某投标人私下接触。监督人和招标人工作人员调看现场监控视频,发现评标专家王某在开标室楼层的洗手间门口与一名“白衣男子”交谈了一段时间,招标人代表评标专家李某也与上述“白衣男子”在大厅休息等待区进行了交谈。经招标代理经理确认,该“白衣男子”正是递交投标文件的某单位代表。

风险辨识

本案的风险主要是根据监控录像显示，评标专家王某、李某与某投标人发生了单独私下的接触，违反《招标投标法》《招标投标法实施条例》及《评标专家和评标专家库管理暂行办法》中关于评标专家“不得私下接触投标人”的规定。

风险防控

为了确保评标专家独立、公平、公正地评标，法律法规规定评标专家不得私下接触投标人。法律法规没有对“接触”进行定义也没有列举接触的情形，从字面来看挨上、碰上就是接触。可见在评标这个敏感时期，为避免对评标的公正性产生影响，作为评标专家不应该与投标人见面，更不应单独交谈，这些都构成私下接触。本案的相关主体应立即停止评标专家王某和李某的评标，其已作出的评审意见无效。招标人需重新补抽两名专家评标。同时，招标人在组建评标委员会时应提醒各位评标专家、招标人代表在接受评标任务后按时到指定的评标室报到；严禁在中心楼梯、大厅、卫生间、工作区等非指定评标室外逗留，应直接进入指定评标室等候评标，不得与投标人等利害关系人接触。对不遵守法纪和相关制度规定的人员，依法依规严格考核，严肃查处。造成不良社会影响和严重后果的，还将依法追究其责任。

相关依据

《招标投标法》

第四十四条　评标委员会成员应当客观、公正地履行职务，遵守职业道德,对所提出的评审意见承担个人责任。

评标委员会成员不得私下接触投标人,不得收受投标人的财物或者其他好处。

评标委员会成员和参与评标的有关工作人员不得透露对投标文件的评审和比较、中标候选人的推荐情况以及与评标有关的其他情况。

《招标投标法实施条例》

第四十九条　评标委员会成员应当依照招标投标法和本条例的规定,按照招标文件规定的评标标准和方法,客观、公正地对投标文件提出评审意见。招标文件没有规定的评标标准和方法不得作为评标的依据。

评标委员会成员不得私下接触投标人,不得收受投标人给予的财物或者其他好处,不得向招标人征询确定中标人的意向,不得接受任何单位或者个人明示或者暗示提出的倾向或者排斥特定投标人的要求,不得有其他不客观、不公正履行职务的行为。

《评标专家和评标专家库管理暂行办法》

第十四条　评标专家负有下列义务:

(一)有《招标投标法》第三十七条、《招标投标法实施条例》第四十六条和《评标委员会和评标方法暂行规定》第十二条规定情形之一的,应当主动提出回避;

(二)遵守评标工作纪律,不得私下接触投标人,不得收受投标人或者其他利害关系人的财物或者其他好处,不得透露对投标文件的评审和比较、中标候选人的推荐情况以及与评标有关的其他情况;

(三)客观公正地进行评标;

(四)协助、配合有关行政监督部门的监督、检查;

（五）国家规定的其他义务。

第十五条　评标专家有下列情形之一的，由有关行政监督部门责令改正；情节严重的，禁止其在一定期限内参加依法必须进行招标的项目的评标；情节特别严重的，取消其担任评标委员会成员的资格：

（一）应当回避而不回避；

（二）擅离职守；

（三）不按照招标文件规定的评标标准和方法评标；

（四）私下接触投标人；

（五）向招标人征询确定中标人的意向或者接受任何单位或者个人明示或者暗示提出的倾向或者排斥特定投标人的要求；

（六）对依法应当否决的投标不提出否决意见；

（七）暗示或者诱导投标人作出澄清、说明或者接受投标人主动提出的澄清、说明；

（八）其他不客观、不公正履行职务的行为。

评标委员会成员收受投标人的财物或者其他好处的，评标委员会成员或者与评标活动有关的工作人员向他人透露对投标文件的评审和比较、中标候选人的推荐以及与评标有关的其他情况的，给予警告，没收收受的财物，可以并处三千元以上五万元以下的罚款；对有所列违法行为的评标委员会成员取消担任评标委员会成员的资格，不得再参加任何依法必须进行招标项目的评标；构成犯罪的，依法追究刑事责任。

案例90　泄露信息

某工程施工项目公开招标，评标时一位专家发现一家投标单位的投标文件中写明的工期天数比招标文件的规定多一天，评标委员会正在讨论如何判定该种情况，招标人代表评标专家即给其领导打电话汇报该情况，并请示是否要否决该单位的投标。

风险辨识

本案有两大风险：一是招标人代表评标专家给其领导打电话汇报评标情况，透露对投标文件的评审和比较情况，违反《评标委员会和评标方法暂行规定》第十四条的规定，其请示领导是否要否决该单位的投标，为领导干预评标创造了条件。二是如果领导作出授意，并影响评标委员会的判断，即造成干预评标的事实，违反《招标投标法》第三十八条“招标人应当采取必要的措施，保证评标在严格保密的情况下进行。任何单位和个人不得非法干预、影响评标的过程和结果”的规定。

风险防控

现场招标监督主体应该立即制止招标人代表评标专家与外界进行通信，制止其透露评标信息的违法行为。要求评标委员会专家依法独立评标，不得接受任何人的倾向或授意。同时，招标人或招标代理机构也应该依法组织好封闭评标，屏蔽通信工具，不给评标专家与外部联系、泄露信息的机会，保证评标在严格保密的情况下进行。

相关依据

《评标专家和评标专家库管理暂行办法》

第十四条　评标委员会成员和参与评标的有关工作人员不得透露对投标文件的评审和比较、中标候选人的推荐情况以及与评标有关的其他情况。

前款所称参与评标的有关工作人员，是指评标委员会成员以外的因参与评标监督工作或者事务性工作而知悉有关评标情况的所有人员。

《招标投标法》

第三十八条　招标人应当采取必要的措施，保证评标在严格保密的情况下进行。

任何单位和个人不得非法干预、影响评标的过程和结果。

案例 91　干预评标

某依法公开招标的工程建设施工项目评标，在初步审查中，评标委员会发现 4 份投标文件均不满足招标文件资格要求中规定的业绩条件，正在此时，招标人的工作人员进入评标现场，对评标委员会说："该项目工期紧张，今天必须评出个结果，决不能废标。"

风险辨识

本案的风险主要是招标人的工作人员非法干预评标，影响评标的过程和结果，违反《招标投标法》第三十八条的规定。招标人的工作人员的言论"今天必须评出个结果，决不能废标"，是在明示评标委员会，不让他们流标，属于明目张胆地非法干预招标，违法违规。法律规定，达到法定条件评标委员会可以否决全部投标，招标人的工作人员的言论违背法律精神也不符合客观实际，严重影响评标委员会独立、客观、公正地评标。

风险防控

在评标实践中，参与评标工作的人员除了评标委员会成员以外一般还会有招标代理机构的工作人员、招标人的工作人员以及评标监督人员。这些人员均有可能和机会干预评标工作的正常进行。依法对投标文件进行独立评审，提出评审意见，不受任何单位或者个人的干预是法律赋予评标专家的权利，但一些招标人的工作人员往往存在一种误区，认为评标专家是招标人花钱请来的，就应该听招标人的指挥。有的招标人在评标过程中对评标委员会指手画脚，甚至命令威胁，越俎代庖，明目张胆地干预评标委员会评标。本案的现场招标监督主体应该立即制止招标人工作人员的违规行为，要求评标委员会按照法律法规和招标文件的规定评标，实事求是地评标，不得接受他们明示或暗示的倾向。同时，招标人或招标代理机构应该进一步组织好封闭评标，规范进入评标现场的人员，减少相关主体非法干预评标的机会。

相关依据

《招标投标法》

第三十八条　招标人应当采取必要的措施，保证评标在严格保密的情况下进行。

任何单位和个人不得非法干预、影响评标的过程和结果。

第四十二条第一款　评标委员会经评审，认为所有投标都不符合招标文件要求的，可以否决所有投标。

《评标委员会和评标方法暂行规定》

第二十七条　评标委员会根据本规定第二十条、第二十一条、第二十二条、第二十三条、第二十五条的规定否决不合格投标后，因有效投标不足三个使得投标明显缺乏竞争的，评标委员会可以否决全部投标。

投标人少于三个或者所有投标被否决的，招标人在分析招标失败的原因并采取相应措施后，应当依法重新招标。

《评标专家和评标专家库管理暂行办法》

第十三条　评标专家享有下列权利：

（一）接受招标人或其委托的招标代理机构聘请，担任评标委员会成员；

（二）依法对投标文件进行独立评审，提出评审意见，不受任何单位或者个人的干预；

（三）接受参加评标活动的劳务报酬；

（四）国家规定的其他权利。

案例92　干预推荐

某货物采购项目公开招标，共有30个标包。评标时，招标人代表评标专家发现其中10个标包的所有投标人的投标报价均超过了项目的预算。于是，招标人派人来到评标现场要求评标委员会不要推荐这10个标包的中标候选人。

风险辨识

本案主要有两大风险，一是招标人要求评标专家不要推荐这10个标包的中标候选人，干预评标，影响评标的过程和结果，违反《招标投标法》第三十八条的规定。二是招标文件的否决条款中没有包括“投标报价超过项目预算”。同时,只有《政府采购法》中规定,“投标人的报价均超过了采购预算,采购人不能支付的,应予废标”,本案并非政府采购,不能依据此条废标。如果评标委员会只因所有投标人的投标报价均超出项目预算就不推荐中标候选人属于接受他人明示的排斥特定投标人的倾向,将招标文件未规定的标准作为评标依据,违反《招标投标法实施条例》第四十九条的规定。

风险防控

某招标项目所有投标人的投标报价均超过项目预算,一般有两方面的原因:一是项目预算不准确,二是投标人串通哄抬报价。出现这种情况,招标人需要做的是迅速评估项目预算的准确性和科学性,而不是干预评标。评标委员会则需要对投标人的报价进行评估,分析投标报价是否存在不合理性、是否严重偏离市场价格,判断投标人是否存在围标串标、故意抬高报价的情形。如果评标委员会经评审认为投标人的投标报价没有不合理也未发现投标人之间存在围标串标的问题,那么不管项目预算是否准确,只要不是否决条款就不能成为否决的依据。评标委员会应该按照法定评标程序,实事求是地写明评审意见,推荐中标候选人。如果招标人想让投标报价均不得超过项目预算,就要将其设置为最高投标限价,列入否决条款,并在招标文件中进行公告,让投标人都能知晓,才符合招投标的公开、透明、公平、公正原则。

相关依据

《招标投标法》

第三十八条　招标人应当采取必要的措施,保证评标在严格保密的情况下进行。

任何单位和个人不得非法干预、影响评标的过程和结果。

《招标投标法实施条例》

第四十八条　招标人应当向评标委员会提供评标所必需的信息，但不得明示或者暗示其倾向或者排斥特定投标人。

第四十九条　评标委员会成员应当依照招标投标法和本条例的规定，按照招标文件规定的评标标准和方法，客观、公正地对投标文件提出评审意见。招标文件没有规定的评标标准和方法不得作为评标的依据。

评标委员会成员不得私下接触投标人，不得收受投标人给予的财物或者其他好处，不得向招标人征询确定中标人的意向，不得接受任何单位或者个人明示或者暗示提出的倾向或者排斥特定投标人的要求，不得有其他不客观、不公正履行职务的行为。

案例93　拒不接受监督

某货物采购项目公开招标，评标期间，某评标专家用评标电脑玩游戏，并多次要求回酒店房间休息。现场招标监督人员不允许其单独离开评标现场，她非但不听，还质疑监督的合法性。

风险辨识

本案有三大风险：一是某评标专家在评标期间用评标电脑玩游戏，不认真审核投标文件，不遵守评标纪律和职业道德，违反《招标投标法》第四十四条的规定。二是该评标专家多次要求单独离开评标现场，回酒店的房间休息，意欲擅离职守，违反《招标投标法实施条例》第七十一条的规定。三是该评标专家有义务接受而未接受依法实施的监督。违反《招标投标法》第七条和《评标专家和评标专家库管理暂行办法》第十四条第二款的规定。招标人上级监察机关实施的现场监督属于《招标投标法实施条例》第四条规定的"监察机关依法对与招标投标活动有关的监察对象实施监察",是依法实施的监督,招标投标活动及其当事人应当接受。

风险防控

现场招标监督主体应向该评标专家申明相关法律规定,指出其违法违规行为及可能造成的影响和应当承担的后果。如果其执意不接受监督,可向有关行政监督部门反映该评标专家的违规行为,要求依法追究其责任。同时,招标代理机构应加强对评标专家的管理,客观记录评标专家的评标表现,定期进行考核,对于不能满足评标要求或者不遵守评标纪律、有违法违规行为的评标专家应及时清除出评标专家库。

相关依据

《招标投标法》

第七条　招标投标活动及其当事人应当接受依法实施的监督。

有关行政监督部门依法对招标投标活动实施监督,依法查处招标投标活动中的违法行为。

对招标投标活动的行政监督及有关部门的具体职权划分,由国务院规定。

第四十四条　评标委员会成员应当客观、公正地履行职务,遵守职业道德,对所提出的评审意见承担个人责任。

评标委员会成员不得私下接触投标人,不得收受投标人给予的财物或者其他好处。

评标委员会成员和参与评标的有关工作人员不得透露对投标文件的评审和比较、中标候选人的推荐情况以及与评标有关的其他情况。

《招标投标法实施条例》

第七十一条　评标委员会成员有下列行为之一的，由有关行政监督部门责令改正；情节严重的，禁止其在一定期限内参加依法必须进行招标的项目的评标；情节特别严重的，取消其担任评标委员会成员的资格：

（一）应当回避而不回避；

（二）擅离职守；

（三）不按照招标文件规定的评标标准和方法评标；

（四）私下接触投标人；

（五）向招标人征询确定中标人的意向或者接受任何单位或者个人明示或者暗示提出的倾向或者排斥特定投标人的要求；

（六）对依法应当否决的投标不提出否决意见；

（七）暗示或者诱导投标人作出澄清、说明或者接受投标人主动提出的澄清、说明；

（八）其他不客观、不公正履行职务的行为。

六、定标与签约案例

案例94　附条件定标

某设备采购项目公开招标，招标人在定标的过程中，审查被推荐的3名中标候选人的投标文件发现:3名中标候选人的投标报价相差无几,第一中标候选人虽然价格最低,但是未承诺中标后额外提供任何优惠条件。而第二中标候选人承诺中标后免费提供3年易损件。第三中标候选人承诺为招标人提供免费的售后服务。于是招标人的工作人员与第一中标候选人代表联系,要求其承诺免费提供3年易损件或提供免费的售后服务,但遭到第一中标候选人的拒绝。于是招标人迟迟不定标。

风险辨识

本案的风险主要是招标人在定标前向第一中标候选人提出不当要求,以此作为发出中标通知书和签订合同的条件,违反相关规定。根据《工程建设项目货物招投标办法》第四十九条　招标人不得向中标人提出压低报价、增加配件或者售后服务量以及其他超出招标文件规定的违背中标人意愿的要求,以此作为发出中标通知书和签订合同的条件。招标人要求第一中标候选人免费提供3年易损件或免费进行售后服务,超出了招标文件的规定。也违背了中标人的意愿,遭到了拒绝。招标人因此迟迟不发出中标通知书,不签订合同,给中标人施加压力,属于附条件定标,对中标人非常不公平。

风险防控

广大招标人要树立法制观念,增强经营道德,要充分意识到招投标活动是法定程序下的活动,在招投标过程中,招标人与投标人是平等的参与主体,招标人不得为扩大自身利益而随意侵犯和损害投标人的合法权益。招标人应当尊重评标结果,自觉维护招投标的严肃性。

相关依据

《工程建设项目货物招投标办法》

第四十九条　招标人不得向中标人提出压低报价、增加配件或者售后服务量以及其他超出招标文件规定的违背中标人意愿的要求,以此作为发出中标通知书和签订合同的条件。

案例95　擅自确定中标人

某依法必须进行招标的工程施工项目评标,评标委员会经评审提交评标报告,推荐了3名中标候选人,依次为A、B、C。评标结束后,招标代理机构检查评标报告,发现评标委员会对投标人的投标报价得分计算有误,更正计算后,投标人B的得分高于投标人A,排名变为第一。招标代理机构将情况汇报了招标人,于是招标人将B确定为中标人,进行公示。公示期间投标人A提出了异议,指出招标人未按照评标委员会推荐的中标候选人的顺序确定中标人。

风险辨识

本案的风险主要是招标人无法定依据直接确定中标人,既不符合法律法规的精神也极易引起相关投标人的异议或投诉,拖延采购时间。根据《招标投标法》和《招标投标法实施条例》相关规定,招标人应当根据评标委员会提出的书面评标报告和推荐的中标候选人确定中标人,国有资金占控股或者主导地位的依法必须进行招标的项目,招标人应当确定排名第一的中标候选人为中标人。只有排名第一的中标候选人放弃中标、因不可抗力不能履行合同、不按照招标文件要求提交履约保证金,或者被查实存在影响中标结果的违法行为等情形,不符合中标条件的,招标人可以按照评标委员会提出的中标候选人名单排序依次确定其他中标候选人为中标人。本案是由于评标委员会的评审错误而导致中标候选人的排名有误,不属于法规规定的招标人可以确定排名第二的中标候选人为中标人的法定情形,招标人不应直接确定排名第二的中标候选人为中标人。同时,评标委员会的评审是否确实有误,需要评标委员会自己确认,招标代理或者招标人无权越俎代庖,擅自改变。

风险防控

招标人应该充分尊重法律赋予评标委员会推荐中标候选人的权利,严格按照法律规定,根据评标委员会推荐的中标候选人及其顺序确定中标人,如果发现评标委员会评审有误,影响中标人的确定,应当立即组织原评标委员会进行审查确认,改正错误,重新推荐中标候选人。再根据推荐的结果,确定中标人。不应以评审有误为由,未经评标委员会同意,擅自变更评标结果,不按规定确定中标人,从而避免产生异议、投诉等不必要的麻烦。

相关依据

《招标投标法》

第四十条　评标委员会应当按照招标文件确定的评标标准和方法,对投标文件进行评审和比较;设有标底的,应当参考标底。评标委员会完成评标后,应当向招标人提出书面评标报告,并推荐合格的中标候选人。

招标人根据评标委员会提出的书面评标报告和推荐的中标候选

人确定中标人。招标人也可以授权评标委员会直接确定中标人。

国务院对特定招标项目的评标有特别规定的,从其规定。

《招标投标法实施条例》

第五十五条　国有资金占控股或者主导地位的依法必须进行招标的项目,招标人应当确定排名第一的中标候选人为中标人。排名第一的中标候选人放弃中标、因不可抗力不能履行合同、不按照招标文件要求提交履约保证金,或者被查实存在影响中标结果的违法行为等情形,不符合中标条件的,招标人可以按照评标委员会提出的中标候选人名单排序依次确定其他中标候选人为中标人,也可以重新招标。

《工程建设项目施工招投标办法》

第五十八条　国有资金占控股或者主导地位的依法必须进行招标的项目,招标人应当确定排名第一的中标候选人为中标人。排名第一的中标候选人放弃中标、因不可抗力提出不能履行合同、不按照招标文件的要求提交履约保证金,或者被查实存在影响中标结果的违法行为等情形,不符合中标条件的,招标人可以按照评标委员会提出的中标候选人名单排序依次确定其他中标候选人为中标人。依次确定其他中标候选人与招标人预期差距较大,或者对招标人明显不利的,招标人可以重新招标。

招标人可以授权评标委员会直接确定中标人。

国务院对中标人的确定另有规定的,从其规定。

案例 96　滥用履约能力审查

某设备改造 EPC 项目公开招标,评标委员会向招标人推荐中标候选人后，业主单位派人到为第一中标候选人提供业绩证明的单位实地考察后，向招标人提交调研报告，说明他们发现第一中标候选人在为某单位进行设备改造后，设备在运行中曾出现过一些问题，让其中标可能带来风险。于是，招标人据此组织原评标委员会进行了履约能力审查，评标委员会依据业主单位出具的调研报告，以该投标人履约能力不足为由不再推荐其为第一中标候选人。

风险辨识

本案主要存在两大风险：一是招标人滥用履约能力审查，违反相关法规。根据《招标投标法实施条例》第五十六条规定，招标人要想启动履约能力审查必须满足三个法定条件，(1)中标候选人的经营状况发生较大变化。根据《招标投标法实施条例释义》经营状况发生较大变化既包括因市场行情改变、管理不善或者经营决策失误而导致的经营困难，也包括所承担业务已超出经营能力，或者主要技术人员离职、不再满足招标文件规定的资格条件等情形；(2)中标候选人的财务状况发生较大变化，通常指资不抵债、流动资金紧张等情形；(3)中标候选人存在违法行为，如串通投标、弄虚作假、行贿或因违法而受到停产停业整顿、吊销营业执照、查封冻结财产等。本案的招标人启动履约能力审查的理由就是业主单位提供的一份说明第一中标候选人在为某单位进行设备改造后，设备在运行中曾出现过一些问题的调研报告，报告的真实性、全面性有待调查，即便其所反映的问题属实，也不属于启动履约能力审查的法定条件。二是评标委员会没有认真履行职责。评标委员会仅凭业主单位的一份调研报告就判定第一中标候选人履约能力不足太过草率，对调研报告所反映的问题是否属于履约能力的问题未加辨别，妄下结论。

风险防控

在招投标实践中,有一些招标人或业主单位经常把考察结果不佳作为排斥特定投标人的手段。为避免这一问题,《政府采购法实施条例》第四十四条特别规定,“采购人或者采购代理机构不得通过对样品进行检测、对供应商进行考察等方式改变评审结果”。适用于企业的招投标相关法律法规虽没有相关明文规定,但招标人及评标专家也应该认真学习、全面了解招标投标的相关法律法规,不得滥用相关权利,破坏招投标的公平公正性。本案,如果业主单位认为评标委员会推荐的第一中标候选人确实存在问题,需要提供具有法律效力的、符合招标文件否决条款的证明材料,如被改造单位出具的设备不能成功运行或者设备改造存在问题的书面证明。

相关依据

《招标投标法实施条例》

第五十六条　中标候选人的经营、财务状况发生较大变化或者存在违法行为,招标人认为可能影响其履约能力的,应当在发出中标通知书前由原评标委员会按照招标文件规定的标准和方法审查确认。

《政府采购法实施条例》

第四十四条　除国务院财政部门规定的情形外,采购人、采购代理机构不得以任何理由组织重新评审。采购人、采购代理机构按照国务院财政部门的规定组织重新评审的,应当书面报告本级人民政府财政部门。

采购人或者采购代理机构不得通过对样品进行检测、对供应商进行考察等方式改变评审结果。

案例97　拒签合同

某工程施工项目公开招标,经评审确定A单位为中标人。招标人向该单位发送中标通知书后,联系A单位签订书面合同。A单位却以各种理由迟迟不肯签订合同。最后说明是因为报价过低,做不下来,并要求提高价格,否则就放弃中标。

风险辨识

本案的风险主要是中标人无正当理由不与招标人订立合同,违反相关规定。根据《招标投标法实施条件》第四十五条规定"中标通知书对招标人和中标人具有法律效力。中标通知书发出后,招标人改变中标结果的,或者中标人放弃中标项目的,应当依法承担法律责任"。本案中标人迟迟不肯签订合同还向招标人提出抬高价格的附加条件,毫无诚信也严重影响招标人的采购进度。

风险防控

招标的目的和意义就是招标人通过让投标人进行充分而公平的竞争,确定一个签订合同的对象,完成采购活动。如果不能签订合同,招标就失去了意义。浪费大量人力、物力及时间成本,为此,法律赋予了招标人和投标人签订书面合同的义务。中标通知书对招标人和中标人均具有法律效力。中标通知书发出后,招标人改变中标结果的,或者中标人放弃中标项目的,应当依法承担法律责任。招标人应当依法取消该单位的中标资格,不予退还其投标保证金,并就投标保证金不足以弥补的损失,有权继续要求中标人赔偿。并向有关行政监督部门反映,要求依法对该中标人进行处罚。同时也应总结经验,在招标过程中预防不合理低价中标,造成签约难履约难。

相关依据

《招标投标法》

第四十五条　中标人确定后,招标人应当向中标人发出中标通知书,并同时将中标结果通知所有未中标的投标人。

中标通知书对招标人和中标人具有法律效力。中标通知书发出后,招标人改变中标结果的,或者中标人放弃中标项目的,应当依法承担法律责任。

《招标投标法实施条例》

第七十四条　中标人无正当理由不与招标人订立合同,在签订合同时向招标人提出附加条件,或者不按照招标文件要求提交履约保证金的,取消其中标资格,投标保证金不予退还。对依法必须进行招标的项目的中标人,由有关行政监督部门责令改正,可以处中标项目金额千分之十以下的罚款。

案例98　阴阳合同

某工程货物采购项目招标,发出中标通知书后,招标人采购代表希望中标人在原中标价的基础上再优惠2%,即把中标价由500万元人民币调整为490万元人民币,以便更好地向上级领导汇报招标成果。于是招标人采购代表与中标人的代表进行了协商,双方达成了一致意见。合同签订时,书面合同中填写的合同价格仍为500万元人民币，在合同备案后，又另行签订一份合同，将合同价格调整为490万元人民币。

风险辨识

本案的风险主要是招标人与投标人另行订立背离合同实质性内容的其他协议，违反了《招标投标法实施条例》第五十七条的规定。招标人要求中标人降低价格，中标人为中标不得不同意，于是双方签订了两份合同，第二份合同修改了价款这一主要合同条款背离了原合同的实质性内容，形成了明显的阴阳合同。

风险防控

为保证招投标结果的落实，防止招标人或投标人迫使对方在合同价格等实质性条款上作出让步，法律法规特别规定招标人和中标人不得再行订立背离合同实质性内容的其他协议。合同的实质性内容主要包括合同的标的、价款、质量、履行期限等。这些必须与招标文件和中标人的投标文件的内容一致。招标人逼迫中标人降价签约，看似占了便宜，其实羊毛出在羊身上，中标人完全可以通过降低产品质量、以次充好更方式减少成本弥补损失，到头来吃亏的还是招标人。因而招标人应当依法招标，给中标人合理的利润空间，把关注点更多地放在产品质量上而非价格上。

相关依据

《招标投标法实施条例》

第五十七条　招标人和中标人应当依照招标投标法和本条例的规定签订书面合同，合同的标的、价款、质量、履行期限等主要条款应当与招标文件和中标人的投标文件的内容一致。招标人和中标人不得再行订立背离合同实质性内容的其他协议。

《招标投标法》

第五十九条　招标人与中标人不按照招标文件和中标人的投标文件订立合同的,或者招标人、中标人订立背离合同实质性内容的协议的,责令改正;可以处中标项目金额千分之五以上千分之十以下的罚款。

案例 99　串通变更合同

某工程建设施工项目公开招标,招标人与一家建筑公司有长期业务往来,故此次仍然希望这家建筑公司中标。于是双方达成默契。招标人在招标文件中规定采用综合评估法评标,其中投标报价所占分值比重高达 80%。该建筑公司则尽量压低投标报价,最终以最低价中标。但双方在签订合同前该建筑公司以材料涨价为由,将原投标报价提高了 10%,与招标人签订了合同。提高后的工程造价高于开标时其他投标人的报价。

风险辨识

本案主要存在两大风险,一是招标人与中标人互相串通,为谋求特定投标人中标设置不合理的投标报价分值权重虚假招标,影响公平竞争。二是订立与招标文件和中标人的投标文件的内容不一致的合同,违反法律法规,根据《招标投标法实施条例》第五十七条"招标人和中标人应当依照招标投标法和本条例的规定签订书面合同,合同的标的、价款、质量、履行期限等主要条款应当与招标文件和中标人的投标文件的内容一致”。

风险防控

在招投标实践中,存在着一种怪现象即“低价中标高价签约”或者“低价签约高价结算”,实际是违规变更合同或者违规追加价款。导致这种问题的原因往往是招标人内部存在吃里爬外者,他们与投标人互相串通、内外勾结、损公肥私。招标人应该高度重视此类问题,对招标活动进行全流程监督,加强对招标后的合同签订与履行环节的监督监管;加强对招标采购、合同管理等关键岗位人员的管理,实行轮岗制。

相关依据

《招标投标法实施条例》

第五十七条　招标人和中标人应当依照招标投标法和本条例的规定签订书面合同,合同的标的、价款、质量、履行期限等主要条款应当与招标文件和中标人的投标文件的内容一致。招标人和中标人不得再行订立背离合同实质性内容的其他协议。

招标人最迟应当在书面合同签订后五日内向中标人和未中标的投标人退还投标保证金及银行同期存款利息。

《招标投标法》

第五十九条　招标人与中标人不按照招标文件和中标人的投标文件订立合同的,或者招标人、中标人订立背离合同实质性内容的协议的,责令改正;可以处中标项目金额千分之五以上千分之十以下的罚款。

案例 100　违法转包

某工程建设施工项目公开招标，中标单位为某总公司。然而在实际施工中，该总公司把中标工程整体转包给了其下属的二级子公司，该子公司又让其下属公司实际承包工程。

风险辨识

本案的风险主要是中标人将中标项目整体转包，违反相关法律法规，同时，工程经层层转包，可能严重影响工程质量，损害招标人的利益。根据招标投标相关法律法规，中标人应当按照合同约定履行义务，完成中标项目。中标人不得向他人转让中标项目，也不得将中标项目肢解后分别向他人转让。通过招标的方式订立合同，招标人在确定中标人时，除投标报价外，重点评价的是中标人的履约能力，如相应资质、同类型业绩等。如果中标人把招标项目整体转包给了其他法人，可能使不具有相应资质、业绩等履约能力的企业成为实际施工单位，不能满足招标文件的要求，不能按照合同约定进行施工，可能严重影响工程质量，损害招标人的合法权益，也对其他投标人不公平。

风险防控

在工程建设实践中，招标项目经层层转包、违法分包，是导致实际用于工程项目的费用大为减少，造成偷工减料，留下严重质量隐患，甚至引发重大质量事故的主要原因之一。招标人应倍加重视，加强对中标人合同执行的全过程监督，及时发现违法违规问题，通过民事或法律手段保护自身合法权益。同时,建立失信中标人黑名单,将存在违法转包,违规分包的中标人列入黑名单,不再接受其投标。

相关依据

《合同法》

第六十条　当事人应当按照约定全面履行自己的义务。

当事人应当遵循诚实信用原则,根据合同的性质、目的和交易习惯履行通知、协助、保密等义务。

第七十九条　债权人可以将合同的权利全部或者部分转让给第三人,但有下列情形之一的除外:

(一)根据合同性质不得转让;

(二)按照当事人约定不得转让;

(三)依照法律规定不得转让。

《建筑法》

第二十八条　禁止承包单位将其承包的全部建筑工程转包给他人,禁止承包单位将其承包的全部工程肢解以后以分包的名义分别转包给他人。

《招标投标法实施条例》

第五十九条　中标人应当按照合同约定履行义务,完成中标项目。中标人不得向他人转让中标项目,也不得将中标项目肢解后分别向他人转让。

中标人按照合同约定或者经招标人同意,可以将中标项目的部分非主体、非关键性工作分包给他人完成。接受分包的人应当具备相应的资格条件,并不得再次分包。

中标人应当就分包项目向招标人负责,接受分包的人就分包项目承担连带责任。

第七十六条　中标人将中标项目转让给他人的，将中标项目肢解后分别转让给他人的，违反招标投标法和本条例规定将中标项目的部分主体、关键性工作分包给他人的，或者分包人再次分包的，转让、分包无效，处转让、分包项目金额千分之五以上千之十以下的罚款；有违法所得的，并处没收违法所得；可以责令停业整顿；情节严重的，由工商行政管理机关吊销营业执照。

参考文献

[1]国家发展和改革委员会法规司、国务院法制办公室财经司、监察部执法监察司:《中华人民共和国招标投标法实施条例释义》,中国计划出版社 2012 年版。

[2]全国招标师职业水平考试辅导教材指导委员会:《招标采购法律法规与政策》,中国计划出版社 2012 年版。

[3]全国招标师职业水平考试辅导教材指导委员会:《招标采购案例分析》,中国计划出版社 2012 年版。

[4]全国招标师职业水平考试辅导教材指导委员会:《项目管理与招标采购》,中国计划出版社 2012 年版。

[5]朱中华:《最新招标投标法律实务操作》,中国法制出版社 2014 年版。

[6]李金升:《招标投标重点法律实务案例评析版》,中国法制出版社 2014 年版。

[7]落杰:《浅谈企业招标监督人员如何依法监督维护企业合法权益》,《招标与投标》2015 年第 11 期。

[8]落杰:《小小〈差异表〉也是一面诚信与否的“照妖镜”——有感于中外投标人对〈差异表〉的不同态度》,《招标与投标》2016 年第 3 期。

[9]落杰:《从不良评标专家众相看专家评标机制缺陷》,《招标与投标》2016 年第 8 期。

后　记

一直耿耿于怀于自己没有“十年磨一剑”的恒心与定力，常常恨自己虎头蛇尾、半途而废。但这一次总算可以给自己一个交代。

“我的工作很有意义，我要写一本书，记下我所监督过的所有典型案例。”从信誓旦旦地说出这句大话，到100个案例、十几万字跃然纸上，我坚持了五年。虽然造化弄人遭遇事业低谷，但依然没有动摇我实现梦想的初心。一个普通人，在平凡的岗位上也可以有梦想，也可以坚持实现梦想。

韶华易逝，人生易老，转眼间便从意气风发的少年变成了淡泊深沉的少妇。曾经的豪情壮志、豪言壮语已经化作了平淡的每一天中实实在在的行动。挺着孕肚笔耕不辍，哄睡孩子挑灯疾书的每一天都值得纪念。我最想把这本书送给我可爱的孩子，并告诉他：“一个人要勇于拥有梦想，勇于实现梦想，更要勇于在逆境中坚守梦想！”

在我看来，一个人最大的满足，就是能够有意识地征服自己，最大的快乐就是说到做到，梦想成真！

落　杰

2018年6月

责任编辑:赵圣涛
封面设计:徐　晖
责任校对:吕　飞

图书在版编目(CIP)数据

国有企业招标风险防控100例/落杰 著. —北京:人民出版社,2018.10
ISBN 978-7-01-019638-1

Ⅰ.①国…　Ⅱ.①落…　Ⅲ.①国有企业-采购-招标-风险管理-中国
Ⅳ.①F279.241

中国版本图书馆CIP数据核字(2018)第177296号

国有企业招标风险防控100例
GUOYOU QIYE ZHAOBIAO FENGXIAN FANGKONG 100 LI

落　杰　著

人民出版社 出版发行
(100706　北京市东城区隆福寺街99号)

北京汇林印务有限公司印刷　新华书店经销

2018年10月第1版　2018年10月北京第1次印刷
开本:710毫米×1000毫米 1/16　印张:14.75
字数:220千字

ISBN 978-7-01-019638-1　定价:49.00元

邮购地址 100706　北京市东城区隆福寺街99号
人民东方图书销售中心　电话 (010)65250042　65289539